KÖLNER STUDIEN ZUM STAATS- UND WIRTSCHAFTSLEBEN

HERAUSGEGEBEN VON

P. ABERER, CHR. ECKERT, J. FLECHTHEIM,
K. JUL. FRIEDRICH, ED. GAMMERSBACH, H. GEFFCKEN,
K. HASSERT, J. HIRSCH, B. KUSKE, PAUL MOLDENHAUER,
F. STIER-SOMLO, ADOLF WEBER, K. WIEDENFELD,
A. WIERUSZOWSKI, W. WYGODZINSKI

Schriftleitung: BRUNO KUSKE

Heft 5:

Die Markthallen und ihre Hilfskräfte als Faktoren der Lebensmittelversorgung in unseren Großstädten

von

Hermann Krüer

Assistent der Kammer für Kleinhandel zu Bremen.

Bonn 1914

A. MARCUS UND E. WEBERS VERLAG

Dr. jur. ALBERT AHN

Die Markthallen

und ihre Hilfskräfte als Faktoren der

Lebensmittelversorgung

in unseren Großstädten

von

HERMANN KRÜER

Assistent der Kammer für Kleinhandel zu Bremen.

Bonn 1914

A. MARCUS UND E. WEBERS VERLAG

Dr. jur. ALBERT AHN

Aus dem volkswirtschaftlichen Seminar

von

Professor Dr. Adolf Weber

Dem

Andenken meiner Eltern gewidmet.

Inhaltsübersicht.

Literatur-Angabe.

1. Rathgen, Die Entstehung der Märkte in Deutschland. Diss. Straßburg 1881.
2. Buchwald, Holsteinische Abnehmer auf dem Markte Hamburgs und Lübecks im 15. Jahrhundert.
3. Nitzsch, Der älteste Marktverkehr des deutschen Binnenlandes. Hans. Gesch.-Bl. 1880/1881.
4. Herzog, Die Lebensmittelpolitik der Stadt Straßburg im Mittelalter. 1909.
5. Lamprecht, Deutsches Wirtschaftsleben im Mittelalter, Bd. 2.
6. Laves, Zur Organisation des Lebensmittelmarktes in Berlin. (Jahrbuch für Ges., Verw. u. Volkswirtschaft 1887.)
7. Lindemann, Die Markthallen Berlins. 1899.
8. Eberty, Über Lebensmittelversorgung von Großstädten in Markthallen. 1884.
9. Schriften des Vereins für Sozialpolitik, Bd. 128. 1908.
10. Gossner, Über die Entwicklung und heutige Organisation des Berliner Fischmarktes. (Schmollers Forschungen XIX, 5. 1901.)
11. Scholz, Der Wochenmarkt. (Vierteljahrschrift für Volkswirtschaft und Kulturgeschichte 1867. S. 25 f.)
12. Grabenstedt, Woher bezieht Halle a./S. seine wichtigsten Lebensmittel? 1903.
13. Häberlin, Die Versorgung Leipzigs mit frischem Gemüse und Obst. Leipzig. 1911.
14. Markthallenberichte der deutschen Markthallenstädte.
15. Kommissionsverhandlungen der Bremer Bürgerschaft.
16. Emminghaus, Märkte und Messen. (Vierteljahrsschrift f. Volkswirtschaft und Kulturgeschichte 1867 f.)
17. Lange, Die Versorgung der großstädtischen Bevölkerung mit Nahrungsmitteln. Schmollers Forschungen, Heft 157. 1911.
18. Wheatly & Cunningham, London, Past and Present. I—III.
19. Denkschrift des Breslauer Magistrats über die Markthallen Breslaus. 1908.
20. Akten der Städte Düsseldorf, Dortmund, Bremen, Bielefeld und Herford.
21. Statistisches Jahrbuch deutscher Städte.
22. Statistik des Deutschen Reiches (Band 136, 173, 181, 189, 196).

Vorwort.

Die vorliegende Arbeit ist in ihren Hauptteilen das Produkt rein persönlicher Beobachtungen des Verfassers. Die Literatur über Lebensmittelversorgung ist sehr spärlich und beschäftigt sich, sofern sie überhaupt in den Lebensmittel m a r k t verkehr übergreift, vorwiegend mit Fleischnotfragen oder bringt, wo Markthallen erwähnt werden, rein bautechnische Angaben für Architekten. Aufgabe dieser Arbeit soll es sein, hier eine Lücke auszufüllen, hinzuweisen auf die große volkswirtschaftliche Bedeutung einer gesunden Lebensmittelpolitik in unseren Großstädten, und die Markthallen als Konzentrationspunkte des gesamten Lebensmittelmarktverkehrs in ihrer für die Ernährung der Bevölkerung ausschlaggebenden Stellung zu betrachten.

Mit Bedacht habe ich davon abgesehen, eingehend die Statistik anzuführen und zu berücksichtigen, da mannigfache Erfahrungen über den Wert der Statistik auf diesem Gebiet mich lehrten, daß diese in den meisten Fällen keinen Anspruch auf Genauigkeit machen kann und so geeignet ist, zu durchaus falschen Schlüssen zu verleiten. Möge dieser Hinweis genügen, um die in Betracht kommenden Behörden darauf aufmerksam zu machen, daß eine Statistik, soll sie Wert haben, sich aufbauen muß auf genauen Einzelangaben der Beamten, daß also mit Beantwortung diesbezüglicher Rundfragen solche Beamte zu beauftragen sind, denen genügende Kenntnisse der wirtschaftlichen Verhältnisse zur Seite stehen, um alle oft ausschlaggebenden Nebenumstände in gebührender Weise zu berücksichtigen. Möge die ganze Arbeit ihren Zweck dahin erfüllen, unsere Kommunalbehörden darüber aufzuklären, daß Halbheiten, wie sie sich gerade in Einrichtungen für den Lebensmittelmarktverkehr häufig finden, hier auf keinen Fall am Platze sind.

Allen, Magistraten und Privatpersonen, die geholfen haben, zu dieser Arbeit das Material zu sammeln, spreche ich an dieser Stelle für ihre Mühewaltung und ihr freundliches Entgegenkommen meinen herzlichsten Dank aus. Mein besonderer Dank gilt Herrn Professor Dr. A. Weber, der die Freundlichkeit hatte, die Herausgabe dieser Arbeit anzuregen, und Herrn Dozent Dr. Hirsch, der zusammen mit Herrn Professor Dr. Weber durch manche Belehrungen in dieser Materie meine Gedanken befruchtete, und nicht zum wenigsten Herrn A. Meinert, Syndikus der Kammer für Kleinhandel zu Bremen, mit dessen Hilfe es mir eigentlich erst möglich war, das umfangreiche Material zu sammeln.

Bremen, den 21. Juni 1913.

Der Verfasser.

Erstes Kapitel.

§. 1. Die Organisation des Lebensmittelverkehrs auf dem Markt als Aufgabe der öffentlichen Behörden.

Eine Hauptaufgabe unserer kommunalen Sozialpolitik ist die Lösung der Frage der zweckentsprechenden Ernährung der städtischen Bevölkerung. Schon durch den Geburtenüberschuß in den Städten ist die Landwirtschaft gezwungen, Lieferant für eine stets wachsende Menschenzahl zu sein. Besonders erschwert wird ihr dies aber durch die Abwanderung vom Lande; denn nicht genug, daß ihr auf diese Weise ein Teil ihrer so notwendigen Arbeitskräfte verloren geht, wird durch die Abwanderung die Zahl derjenigen, die sie zu versorgen hat, noch größer; denn man muß wohl bedenken, daß, wenn die Weggewanderten zwar früher auch von der Landwirtschaft ernährt worden sind, als sie noch auf dem Lande waren, ihre Ernährung in der Stadt doch schwerer und nur mit größeren Kosten bewerkstelligt werden kann. Auf dem Lande, an der Quelle der Nahrungsmittel, können Produkte, die sich zum Versand in die Stadt ihrer geringen Quantität oder Qualität wegen nicht eignen, noch verwertet werden, in der Stadt nicht; außerdem wirken Fracht und Transport auf die Ware verteuernd und ihren Nährwert beeinträchtigend ein. Durch die Industrialisierung des Landes und den Transport werden die einheimischen landwirtschaftlichen Produkte, wenn ein staatlich begrenzter Bezirk allein auf sie angewiesen ist, also teurer, und eine Erschwerung der gesunden Volksernährung in den Städten ist die Folge davon.

Viel bedenklicher ist diese Tatsache aber noch, wenn man für ein Land, in dem sich, wie in Deutschland, die Industrie so schnell entwickelt, die Zukunft in Betracht zieht; denn bedenkt man auch, daß der technische Fortschritt und die Urbarmachung des Ödlandes die Landwirtschaft produktiver gestalten werden, so muß man andererseits doch auch mit dem abnehmenden Bodenertrage rechnen. Dazu kommt, daß die Gebiete, die bis jetzt Produktionsquellen für die Städte sein konnten, infolge der Industrialisierung einen Teil der sonst gelieferten Produkte zu ihrer eigenen Ernährung gebrauchen müssen und auch aus Mangel an Arbeitskräften und infolge der Ausnutzung des Bodens für die Industrie nicht mehr so viel produzieren können wie früher.

Je mehr also ein Land Industriestaat wird, desto weniger kann es sich auf seine eigene Landwirtschaft verlassen, und umsomehr ist es abhängig von den Ländern, die Rohstoffe für die Ernährung oder für Industriezwecke wegen ihres eigenen Überflusses ausführen können, das heißt mit anderen Worten: Ein Industriestaat ist darauf angewiesen, seine Nahrungsmittel fast ganz aus dem Auslande zu beziehen, und da naturgemäß die Landwirtschaft ihre Ernährung fast ganz aus ihrer eigenen Produktionsquelle bestreitet, sind es gerade die Bewohner der Städte, die vorwiegend Produkte des Auslandes oder weiter entfernt liegender Gebiete zu ihrer Ernährung bedürfen. Dem Handel ist es also ganz in die Hand gegeben, eine Versorgung der Städte mit Lebensmitteln herbeizuführen. Da nun aber bei jedem Handel der Tauschwert, selten der Gebrauchswert bezahlt wird, so sind je nach der Größe des Angebotes die Preise hoch oder niedriger. Für eine möglichst billige und genügende Ernährung der Stadtbewohner ist also Voraussetzung ein starkes Angebot.

Schon einerseits die Bedeutung der richtigen Ernährung für die Erzeugung eines kraftvollen Geschlechtes, für den Kulturfortschritt eines Volkes, andererseits die mit jedem Privatbetriebe mehr oder minder verbundene Unsicherheit, die eine Folge der Abhängigkeit von Lieferanten und Arbeitern ist, dazu das Streben nach möglichst großem Eigengewinn zwingen uns zu der Maßnahme, die Versorgung der Städte mit Lebensmitteln nicht allein der individuellen Initiative zu überlassen. Die Stadt selbst und die städtischen

Verwaltungen müssen dafür sorgen, daß eine Situation geschaffen wird, auf Grund deren der Lebensmittelverkehr sich leicht und stetig abspielt. Gute Märkte sind hierfür die Hauptbedingung.

„Wenn ein Markt vorhanden ist, welcher genügende Fläche darbietet, gute Zufuhren besitzt, über gute, rasche Verbindungen mit Binnenland und Meer verfügt, wenn es gelingt, durch praktische bauliche Veranstaltungen, wohlfeile Tarife, sichere Verkaufsgelegenheiten für den Produzenten, im übrigen durch Zurückhaltung hinsichtlich aller staats- wie gemeindepolizeilicher Einwirkung und Einmischung dem Lebensmittelmarkt für Angebot und Nachfrage eine gern aufgesuchte Stätte, ständige Preise und minimale Nebenkosten zu schaffen, so ist das schon ein großer Schritt zur Lösung der Frage (der Volksernährung). Ist es ferner möglich, rasche und gute Zufuhren herbeizuführen, dieselben so rasch als möglich zu verwerten und in die kleinen und kleinsten Verästelungen und Äderchen des Verkehrslebens der Großstadt zu bringen, bei dieser Unterverteilung der Waren das größtmöglichste Quantum an Zeit und Kosten zu sparen: die Vorteile eines solchen Marktes müssen in Preisermäßigung von Brot, Fleisch, Fischen, Früchten, Gemüsen und allen Gegenständen notwendigen täglichen Bedarfs zutage treten. Die täglich so gewonnenen Pfennige werden endlich im Jahre Markstücke und erscheinen so sicher merkbar im Preise der Arbeit im Haben des Haushalts des mäßig Bemittelten." (Eberty, Über Lebensmittelversorgung von Großstädten in Markthallen, S. 5, 6.)

Diese wenigen Sätze zeigen treffend, von wievielen kleinsten Umständen das Gebiet der Lebensmittelversorgung abhängig ist und wieviel getan werden muß, um hier der großen Bedeutung dieser Frage entsprechende Zustände herbeizuführen.

Denn es besteht kein Zweifel darüber, daß es im ureigensten Interesse des Staates und unserer Städte liegt, durch eine wohlgeordnete Lebensmittelpolitik für ein r e i c h e s u n d r e g e l m ä ß i g e s A n g e b o t von Nahrungsmitteln, für gesunde Konkurrenz der Händler untereinander und damit für eine Verbilligung der Preise zu sorgen. Lange hat es gewährt, bis daß Deutschland und seine Städte zu dieser Erkenntnis durchgedrungen sind. Um viele Jahre hat es sich von Frankreich und England überholen lassen. Erst nach der Gründung des Reiches, als die Zeit des sogenannten Munizipalsozialismus kam, wo die Städte erkannten, daß mit den ihnen gewährten Rechten auch ein Teil der früheren Pflichten des Staates auf sie überging, finden wir in Deutschland die ersten Anfänge einer Massenheranführung von frischen Lebensmitteln und ihre Verteilung durch Markthallen, die folgerichtig durch den rasch wachsenden Lebensmittelverbrauch sich entwickeln mußten.

§ 2. Die Entwicklung des Nahrungsmittelverkehrs auf den städtischen Märkten bis zur Errichtung der Markthallen.

Je mehr die Städte vom zwölften Jahrhundert an aufblühten, und je mehr ihre Bewohner sich ausschließlich dem Handwerk widmeten, um so lebhafter wurden die Wechselbeziehungen zwischen Stadt und Land; denn die Stadt war mehr als ehemals auf die ländlichen Produkte angewiesen, und die Landleute bedurften, je größere Kulturfortschritte sie machten, desto mehr der Produkte der städtischen Handwerker. Eine vollständige Arbeitsteilung entwickelte sich so nach und nach, die wieder ein weiteres Vorschreiten der Geldwirtschaft zur Folge hatte.

Die Wochenmärkte, die Vorläufer der Markthallen, wurden an Quantität und Qualität der Ware leistungsfähiger, und eine vermehrte Käuferzahl war die Folge. Die Bauern hatten wegen der großen Nachfrage nach ihren Produkten nicht mehr nötig, alles zur Stadt zu bringen und selbst zu verkaufen. Es bildete sich der den Stadtvätern so sehr verpönte Zwischenhandel, der nach ihrer Meinung — vielleicht in damaliger Zeit nicht mit Unrecht — allein zur Verteuerung der Waren beitrug.

Die Landleute, die früher regelmäßig ihre eigenen Produkte zur Stadt lieferten und nur ausnahmsweise aus Gefälligkeit auch geringe Quantitäten ihrer Nachbarn mitnahmen und für sie absetzten, kauften jetzt mehr und mehr für eigene Rechnung die Produkte ihrer Ortsgenossen auf und verkauften sie als eigene Ware. Sie waren die weniger „gefährlichen" Zwischenhändler, da ihre Waren doch meistens frisch waren. Viel „schlimmer" war die zweite Art: Es waren dies Bürger, die vielleicht einen kleinen Marktstand in der Stadt hatten und zuerst nur für ihre Versorgung auf dem Lande die Produkte kauften. Mit der Zeit wurde die Menge der gekauften Erzeugnisse zu groß. Sie konnten anderen Standinhabern abgeben und wurden mit der Zeit aus Detailhändlern Grossisten, vermehrten also die Reihe der Zwischenglieder zwischen Konsumenten und Produzenten um eins und verteuerten die Preise. So bildete sich mit der Zeit ein Marktgebrauch heraus, der das Einschreiten der Stadtbehörde erforderte. Dieses ging manchmal bis in die lächerlich kleinsten Einzelheiten. Nicht nur, daß für jede Zunft: Fleischer, Müller, Ölmüller, „obesgremper, vischkoufer, vogeler" usw. besondere Bestimmungen vorhanden waren, die sich auf Ort und Zeit des Verkaufs, Qualität und Quantität der Waren bezogen, auch die einzelnen Handhabungen und Eigenheiten waren Gegenstand städtischer Verordnungen. So durften die Krämer das Gewürz nur nach bestimmten, von den einzelnen Städten vorgeschriebenen Rezepten mischen, widrigenfalls ihre Ware konfisziert wurde. Die Geflügelmäster mußten die Gänse mindestens vierzehn Tage lang mit gutem Gekörne — manchmal wird sogar Hafer vorgeschrieben — mästen, durften Mohnsamen dazu nicht benutzen, um dem Fleisch keinen schlechten Geschmack zu geben, und die Händler mußten der Gans den Hals einen guten halben Finger lang „vor des vogeles libe" abschneiden, — Gänse wurden nämlich ohne Hals und stückweise, nicht nach Gewicht verkauft. Daher lag die Gefahr nahe, daß die Händler zu ihrem eigenen Vorteil den Hals zu nahe am Körper abschnitten. — Es würde zu weit führen, mehr solcher Einzelheiten anzugeben. Wichtiger ist, zu untersuchen, in wessen Interesse diese Bestimmungen verordnet wurden. Dieses geschah erstens für die Stadt selbst und zweitens für die Konsumenten. Für die Händler sorgte die Stadt nicht. Im

Gegenteil, sie stand ihnen eher feindlich gegenüber oder hinderte doch mindestens durch ihre Bestimmungen deren Geschäfte. Gegen die „ausländischen", das heißt außerhalb ihres Gebietes wohnenden Händler nahm sie sie allerdings in Schutz.

Für sich selbst sorgte die Stadt namentlich durch die Bestimmungen über den Getreidemarkt. Bei den mangelhaften Verkehrseinrichtungen mußte die Stadtverwaltung eventuell eintretenden Hungersnöten vorbeugen, die durch Mißernten hervorgerufen wurden. Sie ließ zu dem Zweck in ihre Kornhäuser durch besondere „Kornkäufer" unter Aufsicht des „Kornmeisters" Getreide aufkaufen und dort lagern. Außerdem hatte jeder Bürger einen entsprechend seinem Vermögen von der Behörde bestimmten Getreidevorrat, auf dessen Vorhandensein er jährlich zwei- bis viermal kontrolliert wurde, bis zur nächsten Ernte zu verwahren. Leute, die vom Lande hereinwanderten, mußten eine bestimmte Menge Getreide mitbringen, eine Bestimmung, auf deren Erfüllung namentlich in Kriegszeiten wegen ihrer großen Bedeutung scharf geachtet wurde.

Im übrigen aber galt die ganze Sorge der Stadt in ihren Verordnungen den Konsumenten. Zunächst sorgte sie für das nötige Angebot, um die Preise zu erniedrigen. Eine Hauptrolle spielte hier der sog. „Fürkauf" *). Da aber der Bürger wegen des großen Angebots am billigsten auf dem Markte kaufte, so brauchte seinetwegen der Fürkauf in dieser Form nicht verboten zu werden. Das Verbot bezog sich vielmehr auf die Art des Handels, daß städtische Händler entweder vor oder in der Stadt von den zu Markte ziehenden Produzenten die Waren aufkauften, um eine Art Monopolstellung zu erlangen und die Preise in die Höhe zu schrauben. Die Städte bestimmten da-

*) Der Fürkauf ist eine Art des Handels, über dessen genaue Beschaffenheit man sich noch nicht klar ist; von Below, Jahrb. für Nationalök. u. Stat. 1875 S. 593 und Gothein, Wirtschaftsgesch. des Schwarzwaldes I S. 495, sind sich darüber einig, daß es ein Kauf außerhalb der städtischen Märkte war, einerlei, ob nun die Ware schon konsumfähig war oder nicht, ob sie sich noch auf dem Wege zur Stadt befand oder schon in derselben war.

her, daß innerhalb einer gewissen, gewöhnlich mehrere Meilen betragenden Entfernung vor ihren Mauern den Produzenten von Händlern nichts mehr abgekauft werden durfte. Auch hier schritt die Stadt nur gegen einen preisverteuernden Zwischenhandel ein, denn sie hielt diesen für verwerflich, wenn Waren ohnedies der Stadt zugeführt worden wären, durch den Handel eine Mehrung des Angebots also nicht erfolgte. Der Zwischenhandel sollte nach der für die damalige Zeit sehr berechtigten Meinung in den Gegenden betrieben werden, die entfernter von der Stadt lagen und deren Produkte nicht ausschließlich einer bestimmten Stadt zugeführt wurden. Die Folge dieses Fürkaufsverbots war eine Mehrung des Angebots; denn jetzt mußten sich die Händler von weit entfernt liegenden Gegenden her versorgen. Und dies war das erste Hauptziel, das die städtischen Verordnungen zugunsten des Konsumenten überhaupt verfolgten; denn durch das reiche Angebot fielen die Preise.

Die Stadt suchte das außerdem mit noch anderen Mitteln zu erreichen. So mußten die Händler alles, was sie an Lebensmitteln erhandelten, ihrer Heimatstadt zuführen und durften das Gut im allgemeinen nicht eher im Großen an Kleinhändler verkaufen, als bis die Konsumenten sich versorgt hatten. Für den Großhandel war gewöhnlich eine bestimmte Zeit festgesetzt, z. B. morgens erst nach 10 Uhr und mittags nach 4 Uhr; übrigens eine Bestimmung, die uns auch in unserem neuesten Nahrungsmittelverkehr in Markthallen hin und wieder begegnet. Hatte ein Verkäufer seinen Stand bezogen, so durfte er im allgemeinen seine Ware nur zwei bis drei Tage ausstellen, denn nur so lange galt sie als vollwertig; dann mußte er sie entweder im großen verkaufen oder aber wegführen. Bedenkt man, daß sich diese Bestimmung in gleicherweise auf Obst, Kastanien und Gemüse, also auf weniger leicht verderbliche Waren bezog wie auf Eier, Butter, Käse, Fische usw., so muß man zu der Überzeugung kommen, daß diese Bestimmung nicht allein die Qualität der Waren sichern wollte. Durch sie sollten vielmehr die Käufer gezwungen werden, durch möglichst billige Preise für raschen Absatz zu sorgen.

Im übrigen war der Konsument damals bedeutend sicherer in Bezug auf Qualität der gekauften Waren wie heutzutage. Schon durch den Standplatz der Waren sollte dem Käufer gezeigt werden, ob die Ware voll- oder minderwertig sei, ob sie frische Bauernware sei oder Händlerware: schlechte und gute Waren, Bauern und Händler mußten getrennt von einander stehen. Und fast für jedes Produkt war der genaue Preis festgesetzt. Überhaupt sorgte die Stadt dafür, daß ein Handel im allgemeinen nur auf dem Markt stattfand. Alle Handelsgeschäfte, die nicht kontrolliert werden konnten, waren verpönt. Dies beweisen Ausdrücke aus Bestimmungen jener Zeit wie: „vil heimlicher und geverlicher koyffe . . . dem gemeinen man zu großer beswerunge dienende", „alle verborgene koyffe und verkoyffe, damit fromme lute umb das ir und die stat an ihren zöllen betrogen werden mögen". Auch alle Beschäftigungen, die mit dem Handel verbunden und deren Ausführung nicht durchaus zu Hause geschehen mußte, wurden auf dem Markt bewerkstelligt, so z. B. das Aushauen von geschlachteten Tieren; ja sogar das Wurstmachen fand auf offenem Markte statt.

Für die genaue Ausführung der Bestimmungen und für die Untersuchung der Nahrungsmittel auf ihren Wert war eine genaue sanitätspolizeiliche Kontrolle eingerichtet, die namentlich für den Fleischverkauf von großer Bedeutung war. Erst nach zweimaliger Untersuchung durch die Fleischschaukommission, erstens beim Eintreiben des Viehes in das Schlachthaus und zweitens nach der Schlachtung, durfte das Fleisch, nachdem es noch genau auf den Wert der einzelnen Teile geprüft worden war, verkauft werden. War es minderwertig, so kam es zur Freibank, wo es an ärmere Leute zu besonders billigem Preise verkauft wurde. Wenn es mit Seuchen behaftet war, wurde es vernichtet. Bis in die Keller der Metzger erstreckte sich die sanitätspolizeiliche Kontrolle, ob das Fleisch „gesunt und gereht sey", die übrigens außer durch die Kommission noch durch die Zunftgenossen, die Gesellen und endlich durch das Publikum ausgeführt wurde, von denen jeder außer durch Einschärfung von Seiten der Stadtobrigkeit schon durch seinen

Eigennutz angetrieben wurde, Mißstände irgendwelcher Art anzuzeigen.

Schließlich sorgte die Stadtverwaltung noch dafür, daß den Konsumenten das für ihr Geld von der Obrigkeit festgesetzte Quantum auch verabfolgt wurde. Maß und Gewicht waren genau bestimmt, und für Waren, die stückweise verkauft wurden, galten Sonderbestimmungen, wie wir sie schon oben sahen, z. B. beim Verkauf von Gänsen.

Daß durch alle diese Bestimmungen der Marktverkehr, wenigstens soweit er sich auf Händler bezog, sehr erschwert wurde, leuchtet ein. Es lag aber auch gar nicht in der Absicht der Stadt, das Händlertum zu fördern. Im Gegenteil, alle Bestrebungen waren darauf gerichtet, den preisverteuernden Zwischenhandel auszuschalten und einen direkten Verkehr zwischen Produzenten und Konsumenten herbeizuführen.

Der Verkauf erfolgte meistens in Ständen. Diese wurden von dem städtischen Zinsmeister gemietet, der je nach den Waren ihre Größe bestimmte. Fische konnten auch vom Karren oder Wagen verkauft werden. Niemand durfte auf ein und demselben Markt mehr als einen Stand haben. Händler durften in manchen Städten nicht voneinander auf dem Markte kaufen, damit sie keine Monopolstellung erlangen konnten.

Das sind die grundlegenden Bestimmungen, die sich mit kleinen Veränderungen in allen mittelalterlichen Städteordnungen wiederfinden und sich in ihrer Hauptsache weit über das Mittelalter hinaus erhalten, ja ihre letzten Ausläufer sogar bis in die Marktordnungen unserer Zeit gesandt haben. Denn nirgends finden wir den Satz besser bestätigt, den Walpole einst aussprach, daß „nichts so konservativ sei wie ein Markthandel, und nichts so schwierig, wie den Kanal zu ändern, in welchem ein Markthandel sich entwickelt".

Zweites Kapitel.

Die ersten Markthallen-Anlagen und ihre äußere Entwickelung.

Die Zeiten brachten Veränderungen; dem Zeitgeist entsprechend wandelte der Lebensmittelmarkt sein zunftmäßiges Kleid. Die Städteordnung vom Jahre 1808 und das Preußische Allgemeine Landrecht taten ein übriges, aber trotzdem, bis in die siebziger Jahre des vorigen Jahrhunderts hin blieb der Lebensmittelmarkt, was er war, im wesentlichen ein Treffpunkt für Konsument und Produzent. Erst der mächtige Aufschwung unseres Wirtschaftslebens seit 1870 und das gewaltige Anwachsen unserer Städte bewiesen seine Unzulänglichkeit für das kommende Zeitalter. Ein besser organisiertes und großzügiger angelegtes Unternehmen mußte an seine Stelle treten, die Markthalle, der es beschieden war, in zweckentsprechender Weise die Frage der billigen und guten Ernährung der Bevölkerung zu lösen.

Man unterscheidet drei Arten von Markthallen:

1. Hauptmarkthallen,
2. Zentralmarkthallen und
3. Bezirksmarkthallen.

Hauptmarkthallen sind hallenartige, öffentliche Gebäude, in die Erzeugnisse der Landwirtschaft zur Nahrung der Menschen und frische Lebensmittel in Massen zusammenfließen, aufgestapelt und in größeren Mengen an Wiederverkäufer verkauft werden.

Bezirksmarkthallen sind öffentliche Gebäude, wo rohe Naturerzeugnisse, frische Lebensmittel und Waren, deren Erzeugung mit der Land- und Forstwirtschaft, dem Garten- und Obstbau und der Fischerei in unmittelbarer Verbindung steht, von Konsumenten gekauft werden.

Zentralmarkthallen schließen die Merkmale der beiden anderen Arten in sich.

§ 3. Die Halles centrales in Paris.

Von vornherein möchten wir nicht den Gedanken aufkommen lassen, als verdankten die Markthallen ihre Entstehung in erster Linie der Initiative des Staates und der

Stadtverwaltungen, als habe der Staat in weiser Voraussicht durch Markthallen ein reichliches Angebot von Nahrungsmitteln zugunsten seiner Bürger herbeiführen wollen. Im Gegenteil waren es in erster Linie selbstische, namentlich fiskalische Interessen, die zur ersten Errichtung von Markthallen führten. Das beweisen uns deutlich die ersten Gründungen in Paris und London. Durch die hohe Besteuerung der Produkte der Landbewohner und die dadurch herbeigeführten ungenügenden Lebensmittelzufuhren wurde der Staat gezwungen, eine Zentralstelle des Lebensmittelverkehrs einzurichten. Denn die bisherigen Wochenmärkte nahmen in Frankreich im 16. Jahrhundert mehr und mehr an Bedeutung ab. Es fehlte an dem nötigen Angebot. Durch die Raubwirtschaft Ludwigs XIV. und XV. war der Bauer in eine Lage gekommen, die es ihm unmöglich machte, auch nur etwas an seinen Produkten zu verdienen. Der Eigennutz des Hofes, der Geistlichkeit und des freien Adels bürdete ihm Frondienste und Lasten auf, die es ihm unmöglich machten, sein eigenes Feld ausreichend zu bestellen, und legte dazu auf den spärlichen Ertrag noch so hohe Steuern, daß, wie Maxime du Camp in seinem Buche: „Paris, ses organes, ses functions et sa vie" S. 3 a. a. O. sagt, „der Sack Getreide und der Ochs oft, ehe sie auf dem Markt waren, mehr Abgaben zu tragen gehabt hatten, als ihr Verkaufswert betrug". Der Bauer bebaute daher sein Feld nicht in ordnungsmäßiger Weise und zog nicht zu Markte. Hungersnöte waren die Folge, von denen im 18. Jahrhundert eine die andere ablöste: 1740, 1742, 1745, 1767, 1768, 1770, 1775, 1776, 1784 und die schlimmste im Winter 1788/89, die auch schließlich den Stein ins Rollen brachte. Das einzige Mittel nun, das die Regierung gegen diese Mißstände anwandte, war: sie dekretierte einfach, daß Nahrungsmittel auf den Markt gebracht werden sollten, ohne geeignete Grundlagen für diese Forderung, — einen freien Bauernstand und einen freien Handel, — zu schaffen. Turgot war der erste, der den Grund des Übels erkannte. Im Jahre 1774 erließ er eine Kundgebung: „Je freier, lebendiger, ausgedehnter der Handel ist, desto prompter, wirksamer, reichlicher ist das Volk versorgt. Die Preise sind umso einheitlicher, sie entfernen sich umso weniger von dem mittleren und üblichen Preise, nach welchem wiederum sich notwendig die Arbeitslöhne regeln", und betonte mit besonderem Nachdruck: „Approvisionierungen, welche die Regierungen machen, können nicht denselben guten Erfolg haben."

Kurze Zeit darauf trat nun durch die vorgenommenen Reformen eine Besserung ein. Die Steuern auf Weizen, Mehl und andere Cerealien wurden aufgehoben — bis Turgot, bekämpft von der alten höfischen Partei, der das neue Regime nicht paßte, aus dem Amte scheiden mußte. Dann traten wieder die früheren Verhältnisse ein, nur daß infolge des höher steigenden Bedarfs die Not immer größer wurde. Die Führer der Revolution wollten diesem Elend ein Ende machen; aber, wie auch die Regierung vorher, so faßten sie als einziges Hilfsmittel dazu ihre gesetzliche Macht auf. Sie erließen Verbot auf Verbot: Die Landleute durften ihre Erzeugnisse innerhalb eines Umkreises von 20 Meilen von Paris nur auf dem Zentralmarkt in Paris verkaufen, — die Not gebot also, das alte Verbot des Fürkaufs wieder hervorzuholen. Weizen durfte nicht ins Ausland exportiert werden. Die Bäcker und ihre Gehilfen wurden vom Militärdienst befreit. Mit dem Tode sollte der bestraft werden, der den freien Verkehr der Brotfrüchte innerhalb des Landes verhinderte. Alles half nichts.

Da wurde zusammengeholt, was das Mittelalter Frankreichs oder anderer Länder nur an Mitteln, die sich irgendwie bewährt hatten, aufwies, ohne Wahl, ohne Berücksichtigung der Verhältnisse, unter denen sie sich damals bewährt hatten: Nur ein blindes Ausprobieren war es noch. Man ging gegen die Ankäufer, die „Accapareurs" vor. „Können", so sagte Robespierre am 2. Dezember 1792, „die notwendigen Lebensmittel zirkulieren, wenn die Gier der Spekulanten sie in ihren Magazinen aufgehäuft zurückhält und diese kalt berechnen, wieviele Familien noch zu Grunde gehen müssen, ehe diese Waren den Preis, der durch ihre wilde Habgier festgesetzt ist, erreicht haben?" Das war der Anlaß zu ihrer allgemeinen Bekämpfung — also weiter nichts als ein Kampf gegen den Zwischenhandel, wie wir ihn bei den Stadtbehörden im Mittelalter überall finden. Bald aber spürte man, daß man durch dieses Mittel, „gleichzeitig zum Verkaufe zu zwingen und den Ankauf zu verbieten", wie Ludwig XVI. einst gesagt hatte, nicht das Ziel erreichte. Nun folgte Anordnung auf Anordnung, man richtete Staatsmagazine, die „greniers d'abondance" ein, also eine Art der mittelalterlichen Kornhäuser; man führte einen Maximalpreis für die landwirtschaftlichen Erzeugnisse ein, ja man krönte diese Maßnahmen mit dem Gebot an die Bäcker, für alle nur das „Brot der Gleichheit" zu backen, das allein dem neuen Zustand der Freiheit und Gleichheit genügen sollte. Welch eine Verblendung! — Die Folgen machten sich auch bald bemerkbar. Es kam so weit, daß, wie es damals zum ersten Mal hieß, das Volk vor den Läden der Fleischer und Bäcker „queue" machte.

Erst die Regierung Napoleons I. beseitigte dieses Elend. Der Kaiser machte Getreideeinfuhr und -ausfuhr frei und war der erste, der den Anstoß zu den jetzigen „Halles centrales", den gewaltigen Markthallen, in Paris gab. Zwar standen schon vorher gedeckte Hallen an demselben Platz, an dem sich die „Halles centrales" jetzt befinden, die damals auch ausschließlich dem Lebensmittelverkehr dienten; denn die „Place des Innocents" war seit jeher Marktplatz für Lebensmittel gewesen und hatte dem ganzen umgebenden Stadtteil ihren Stempel aufgedrückt. Aber unsere vorherigen Angaben beweisen zur Genüge, wie wenig die frühere Organisation des Lebensmittelverkehrs ihrer Aufgabe gerecht zu werden vermochte. Daher ist das Werk sehr hoch zu bewerten, das Napoleon im Jahre 1811 begann. Seine Arbeit setzte der dritte Napoleon fort. Im Jahre 1857 wurden die „Halles centrales" von Napoleon III. neu eröffnet und erfüllen seitdem, durch manche Verbesserungen immer auf der Höhe gehalten, ihre Aufgabe, Zentralpunkt des gesamten Lebensmittelverkehrs nicht nur für Paris, sondern auch für die Provinz und ganz Frankreich zu sein, in vollkommenster Weise. Es würde zu weit führen, alle Einzelheiten über die Markthallen in Paris, London und Wien, die Vorgängerinnen der

Berliner Markthallen, anzugeben. Wir müssen uns darauf beschränken, neben der historischen Entwickelung nur ihre Vor- und Nachteile anzugeben, wie sie sich im Laufe der Zeit ergeben haben, und daraus schließlich ein Urteil gewinnen über die Anforderungen, die man an eine zweckmäßig eingerichtete Markthalle in Lage, Bau, Einrichtung und Verwaltung stellen muß.

Im Hauptverkehrsmittelpunkt von Paris auf der „Place des Innocents" gelegen, erhebt sich das Hauptgebäude des ganzen dortigen Hallensystems, die „Halles centrales", das, fast nur dem Großmarkt dienend, Zentralstelle des gesamten Angebots von Lebensmitteln ist. Von hier werden die Waren in großen Posten den einzelnen kleinen Markthallen zugeführt, die durch Einzelverkäufer die Waren teils an das Publikum direkt, teils an Detaillisten, die ihre Läden in den entfernteren Stadtteilen haben, teils an Straßenverkäufer abgeben. Marktpolizei und Verwaltung sind gut ausgebildet, wenngleich sich die Polizei nur langsam daran gewöhnt hat, sich nicht um die kleinsten Einzelheiten zu kümmern und der Beamtenapparat der Verwaltung, ursprünglich ziemlich groß, nur allmählich einfacher geworden ist. Im allgemeinen kann man aber gerade von der Verwaltung der „Halles centrales" sagen, daß sie mustergültig ist. Es offenbart sich in der ganzen Administration dieses Unternehmens eine solche Geschicklichkeit und Findigkeit, daß gerade in dieser Beziehung Paris als Muster dienen kann. Am meisten zeigt sich dies in der Art der Abgabenerhebung. Es werden erhoben: Verzehrungssteuer, Marktstandsgelder, Gebühren für Benutzung der Straßen und der Fußwege für Marktzwecke, Gebühren für Bauernwagen, für Kellermiete und Wiegegebühr. Es leuchtet ein, daß ein gut durchdachter Plan vorliegen muß, nach dem diese Abgaben erhoben werden, wenn sie nicht zu Ungerechtigkeiten und Unbilligkeiten in der Besteuerung führen sollen, wie wir sie z. B. in Wien finden. Mit diesen Abgaben ist aber zugleich auch eine der Schattenseiten der „Halles centrales" aufgedeckt: Die Fiskalität, die über allem waltet. Jeder Verkaufsgegenstand, von dem Fleisch und den Fischen bis zu den Champignons und Blumen, ist mit einer Verzehrungssteuer belegt, die aber eben deshalb nicht sehr erschwerend wirkt, weil sie so genau und zweckentsprechend abgestuft ist.

§ 4. Die Markthallen Londons.

Gerade das Gegenteil von den „Halles centrales" in Paris bilden die Markthallen in London, die uns eine Hauptforderung nur allzudeutlich vor Augen führen, eine richtige Verbindung der Konzentration mit der Dezentralisation. Hauptmarkthallen und Bezirksmarkthallen in Paris, in der City nur Zentralmarkthallen mit äußerst geringem Kleinverkauf. Begründet ist dies in dem Charakter der Nation, wie Fiskalität in dem der Franzosen begründet liegt. Es ist das Haften am Alten, am Angestammten, was die Dezentralisation in London verhindert. Denn von den fünf Hauptmarkthallen Londons: Smithfield, Spitalsfield und Leadenhall für Fleisch und Geflügel, Billingsgate für Fische und Coventgarden für Gemüse und Blumen, liegen alle mit Ausnahme von Spitalsfield, das von geringerer Bedeutung ist, und Coventgarden, das dem Herzog von Bedford gehört und in unmittelbarer Nähe der inneren Stadt sich befindet, in der eigentlichen City. Es beruht dies auf einem alten Marktpatent, das den Bürgern der City einst von Eduard III. gegeben und von Karl I. im Jahre 1638 bestätigt worden ist, nach dem durch die Krone „kein Markt konzessioniert, errichtet oder geduldet werden sollte ‚intra septem leucas in circuitu civitatis'". Dies Patent erhielten die Bürger als Gegengabe für die reichlichen Geldspenden, die sie ihren lebenslustigen und stets geldbedürftigen Herrschern gemacht hatten.

Dies war auch angängig in einer Zeit, wo die City mit ihren Bürgern eben London war und die Vororte, die jetzt London ausmachen, nur in loser Berührung mit der City waren. Aber je mehr die letztere zum „Welthandelskontor" wurde, je mehr Geschäftshäuser sich an Geschäftshäuser anschlossen, desto mehr mied die neu hinzukommende Bevölkerung die City. Sie suchte sich billigere und gesundere Wohnungen an der Peripherie, von der aus es ihr leicht möglich war, mittels der gut organisierten Verkehrsmittel ihre Arbeitsstätten in der City zu erreichen. Die alten Bürger dieser aber beharrten auf ihrem Privileg. Wie sehr die Bewohner der Vororte, die sich allmählich an London angliederten, auch Märkte als ihr gutes Recht forderten, der Macht der City vermochten sie nicht standzuhalten. So ergab sich die sonderbare und dem überaus praktischen Geschäftssinn des Engländers eigentlich ganz widersprechende Tatsache, daß die Riesenstadt mit ihren Millionen Bewohnern angewiesen war auf diese wenigen bevorzugten Mitbürger. Wohl oder übel mußten sämtliche Detaillisten des großen London zur Deckung ihres Bedarfs an Marktwaren stets den weiten Weg zu den Markthallen in der City machen und ihre Waren stundenweit nach ihren Läden transportieren, ein Verfahren, das das einzelne Verkaufsobjekt, wenn man die versäumte Zeit, die Transportkosten und die Verderbnis in Rechnung zieht, nicht unwesentlich verteuert. Die City hatte eben ein vollständiges Monopol, das trotz aller Anstrengungen der großen Masse nicht zu durchbrechen war.

Zwar half man sich, da der Stadtverwaltung die Hände gebunden waren, durch Selbsthilfe. Die Great Eastern Railway richtete auf einem ihrer Güterbahnhöfe im Osten der Stadt einen Markt ein, um den Großhandel in Kartoffeln, Gemüse und anderen Lebensmitteln zu fördern. Aber sobald die City merkte, daß ihr hier ein nicht zu unterschätzender Rivale entstand, da wegen der guten Verkehrsverbindungen die Transportkosten gering waren, erhob sie dagegen Einspruch, bisher mit Erfolg. Solcher allerdings heimlicher Depots gibt es in London viele, namentlich in den Häfen und Docks, wo sich Handelsgesellschaften für ihre Unternehmungen mit Lebensmitteln leicht und billig versorgen können. Möglich ist ein heimlicher Verkauf ja nur, weil England Freihandelsland ist, das keine Zölle auf Lebensmittel kennt, und nur, solange die Bürger der City es nicht für angebracht halten, einzuschreiten, wie ihnen gegenüber dem Columbia-Market beliebte, einem Markt im Privatbesitz der Baronin Burdett-Coutts mit vorwiegendem Fischverkauf im Osten Londons.

Eine solch reine Zentralisation wäre jedoch nicht so überaus unzweckmäßig, wenn die Markthallen so eingerichtet wären, daß sie ihre Aufgabe, eine Millionenstadt mit Lebensmitteln zu versorgen, erfüllen könnten. Aber nicht im entferntesten ist dieses möglich. Über den Markt in Billingsgate allein ist seit langem eine ganze Literatur vorhanden, die den Mißständen abzuhelfen sucht, und eine Parlamentskommission, die die Mißstände genau feststellen sollte, faßte ihr Urteil über Billingsgate dahin zusammen, daß der Fischmarkt an Raum zu klein, seine Zugänge völlig ungenügend und seine Verwaltung unzweckmäßig seien. Alle diese Vorwürfe beziehen sich auch auf die anderen Märkte, wenn auch nicht in gleichem Maße. Zwar hat die City durch Gründung eines zweiten Fischmarktes, des Zentral-Fischmarktes, selbst Abhilfe schaffen wollen, um Billingsgate zu entlasten, aber auch diese Vergrößerung genügt dem Verkehr nicht.

An seinen sämtlichen Markthallen hat London in den 20 Jahren von 1863, in dem die Markthalle in Smithfield eröffnet wurde, bis zum Jahre 1882 ca. 44 Millionen Mark allein für Vergrößerungen und Erweiterungen ausgegeben, und trotzdem genügt dieses große Unternehmen den Anforderungen des Verkehrs nicht, umsoweniger als zu diesen Mißständen noch die hohen Transportkosten kommen, die die Eisenbahnen, die Privatunternehmungen sind, nach ihrem Belieben hoch setzen.

Trotz der Verteuerung durch alle diese Mißstände hat die City noch solch hohe Standgelder festgesetzt, daß sie, wenn man die unpraktischen Einrichtungen der Markthallen in Betracht zieht, direkt unbillig wirken. Anfuhrgebühren für Karren und Abgaben der zu entladenden Schiffe nach ihrem Tonnengehalt tun ein Übriges an der Verteuerung. Und um das Maß voll zu machen, sorgen auch noch die Kommissionäre, die Großverkäufer der eingelieferten Waren, für eine Verteuerung dadurch, daß sie sich durch Zusammenschluß eine Monopolstellung zu erringen suchen. Die Stadtbehörde trat dem dadurch entgegen, daß sie einen städtischen Kaufvermittler den Kommissionären zur Konkurrenz im Zentralfischmarkt in Leadenhall einsetzte, der, wenn er auch die Kommissionäre nicht ganz aus dem Felde schlagen konnte, doch ein zu hohes Hinaufschrauben der Preise verhinderte. All diesen Nachteilen gegenüber sind die Vorteile der Londoner Markthallen sehr gering. Sie lassen sich in folgendem kurz zusammenfassen. Erstens: die Verwaltung ist äußerst einfach und billig, und sie kann es auch sein, weil es zweitens direkte Konsumsteuern auf Lebensmittel in London nicht gibt, also gerade der Umstand fehlt, der die Verwaltung der „Halles centrales" kostspielig machte.

Alles in allem gerechnet, kann man sein Urteil über die ersten Londoner Markthallen dahin präzisieren, daß, da die Verhältnisse für den Lebensmittelverkehr so wenig zweckentsprechend waren, als einziges Reformmittel die Selbsthilfe übrig blieb, die, das muß allerdings einschränkend bemerkt werden, wohl zum Vorteile der Konsumenten, aber zum Schaden der Groß- und Kleinhändler ist.

§ 5. Die Markthallen in Wien.

Mußten wir in London eine Beseitigung des Privilegiums der City gegenüber den Vororten für die Prosperität des Lebensmittelverkehrs fordern, so gehen unsere Wünsche in Wien auf das Gegenteil hinaus. Hier mußte den Vororten das Privilegium genommen werden. Denn als Haupthindernis für einen geordneten Lebensmittelverkehr wirkte hier die Verzehrungssteuer, die die Hauptstadt scharf von den Vororten trennt. Während in der Hauptstadt auf den Kopf der Bevölkerung 23,80 Mk. an Konsumtionssteuern entfielen, belief sich die Steuer in den Vororten nur auf 2,20 Mk. *). Den Vororten wurde durch diese Steuer eine hohe Prämie geschenkt, für die ein Grund eigentlich nicht einzusehen war, und dem Schmuggel wurde dadurch Tor und Tür geöffnet; und umso schlimmer lastete diese Steuer auf dem ganzen Lebensmittelverkehr der Hauptstadt, als ihr Erhebungstarif so roh bearbeitet war, daß er, namentlich im Vergleich zu dem fein abgestuften Tarif in den „Halles centrales", als vollkommen unwirt-

*) Eberty S. 72.

schaftlich bezeichnet werden kann. Das zeigen einige Beispiele, die das Ergebnis einer Teuerungsenquete sind:

„100 kg feinster westfälischer Schinken, Salami und Pommerscher Gänsebrüste unterliegen genau demselben Tarifsatz, wie 100 kg Schaf-, Schweine- und Kalbfleisch; für 100 kg Austern, Hummern und Sardellen ist ein Tarifsatz von 1,81 fl., dagegen für 100 kg gewöhnliche Karpfen 5,44 fl. zu entrichten. Für 100 kg feinstes Backwerk, Teegebäck, Nürnberger Kuchen und Torten ist ebensoviel zu entrichten, wie für 100 kg schwarzes Brot usw."

Kein Wunder, daß deshalb Starzengruber in seiner Schrift: „Die Wahrheit über die Fleischteuerung in Wien" *) sein Urteil über die Verzehrungssteuer folgendermaßen zusammenfassen kann: „Nicht nur mit Bezug auf das Verhältnis mit den Vororten, sondern auch, was die Tarife anbelangt, ist unsere Verzehrungssteuer ein Unikum. Man weiß nicht, soll man mehr die Systemlosigkeit, den Unverstand, die in dem Tarif sich breitmachen, bewundern, oder den gänzlichen Mangel an Billigkeitsgefühl, welcher aus den einzelnen Tarifsätzen jedem Unbefangenen und jedem, der nicht gewohnt ist, den bürokratischen Schimmel zu reiten, in das Auge springen muß."

Außer diesem Mißstand, der schon an sich einen belebteren Lebensmittelverkehr unmöglich machte, wirkten die hohen Transporttarife preisverteuernd und hemmend auf den Lebensmittelverkehr in derselben Weise, vielleicht noch ausgeprägter als in London; ist doch festgestellt worden, daß, während die Fracht für 100 kg Getreide von San Franzisko nach Liverpool 6 Mk., von Chikago nach Hamburg 4,70 Mk., von New-York nach Hamburg 3 Mk., von New-York nach Liverpool 1,50 Mk. beträgt, sie sich bezüglich der Entfernung von Budapest nach Mannheim auf 4,88 Mk. und von Mannheim nach Berlin auf 4,10 Mk. beläuft **).

Außerdem sprechen noch zwei Tatsachen mit, die uns gerade bei den Markthallen Wiens neu begegnen. Es konn-

---

*) S. 110—11.

**) Eberty S. 75.

ten eben die Markthallen Wiens sich nicht entwickeln, weil man zwei Grundsätze, die man billig bei der Errichtung eines Geschäftsunternehmens — ein solches ist doch das Markthallenwesen — beachten muß, nicht berücksichtigte. Man muß das Geschäftshaus in einem Verkehrszentrum erbauen und muß Konkurrenten, wenn es möglich ist, vertreiben. Beides ist bei den Markthallenanlagen in Wien nicht beachtet worden. Keine der Markthallen liegt im Zentrum der Stadt, und neben den Markthallen bestehen, teilweise in ihrer nächsten Umgebung, noch eine große Zahl offener Wochenmärkte, die das Publikum, das einmal gewohnt ist, bei bestimmten Verkäufern dort zu kaufen, von den Markthallen fernhalten.

Es leuchtet ein, daß unter diesen Umständen, da wirklich alle Vorbedingungen eines Gedeihens — ausgenommen die jetzt praktische Einrichtung und die Tatsache, daß der Grund und Boden der Stadt Wien von der Regierung frei zur Verfügung gestellt wurde, fehlten, von einer Konzentration der Zufuhr und einer günstigen Einwirkung der Markthallen auf den Nahrungsmittelverkehr nur in beschränktem Maße die Rede sein kann.

§ 6. Die Berliner Markthallen-Anlage.

In Deutschland kann von einem Markthallenwesen, wie wir hier es jetzt kennen, vor der großen Berliner Markthallenanlage von 1882—86 kaum gesprochen werden. Zwar finden wir auch schon vorher in den Städten „Markthallen", so z. B. die Augsburger Fleischhalle (gegründet 1634), die Große Markthalle in Metz vom Jahre 1831 und andere mehr, aber diese waren nicht eigentliche Markthallen, sondern nur gedeckte Wochenmärkte, die im allgemeinen nur den Zweck des Schutzes der Verkäufer, Käufer und Waren und der größeren Reinlichkeit verfolgten. Eine Konzentration des Lebensmittelverkehrs und eine Zufuhr aus weit entlegenen Gegenden fehlt schon wegen des vollständigen Mangels an schnellen Verkehrsmitteln und wegen der leichten Verderblichkeit der Waren bei diesen vollkommen. Es ist befremdlich, daß von allen führenden Staaten Deutschland und seine Hauptstadt sich am schwersten zur Einrichtung von Markthallen entschließen konnten. Die Gründe dafür sind mannigfacher Art. Zunächst war vor der Reichsgründung das Augenmerk auf die Versorgung einer großen Bevölkerungsmasse mit Lebensmitteln in Deutschland nicht gelenkt worden, weil dieses vollständig Agrarstaat war und die Wochenmärkte in den Städten im allgemeinen, von wenigen ungünstigen Erntejahren abgesehen, der Versorgung der Bevölkerung mit Lebensmitteln genügten. Je mehr die Industrie in Deutschland eindrang und demzufolge durch eine Abwanderung vom Lande eine schnelle Vergrößerung unserer Städte erfolgte, desto brennender wurde die Frage der Versorgung mit Lebensmitteln.

Überdies muß man bedenken, daß durch die staatliche Bevormundung der Gemeinden das Interesse der einzelnen vor der Reichsgründung von einer Massenversorgung der Bevölkerung mit Nahrungsmitteln abgelenkt wurde. Erst als die Gemeinden durch die preußische Städteordnung vom 19. November 1808 auf eigene Füße gestellt waren, kamen ihnen nach und nach ihre Pflichten gegenüber der Bevölkerung zum Bewußtsein. Als Hindernis trat der Ausführung mancher Pläne aber immer die finanziell wenig günstige Lage der Städte entgegen. Erst als mit der Gründung des Reiches mit neuem Geistesleben auch die Wirtschaftspflege unseres Volkes eine andere wurde, konnte man daran denken, Pläne, die man bis dahin zurückgestellt hatte, zur Ausführung zu bringen. So entstanden in dem Jahrzehnt von 1870 bis 1880 in Berlin: die Kanalisation, die Neupflasterung der Straßen und der Zentral-Vieh- und Schlachthof, und gerade diese letztere Errichtung war es, die in Verbindung mit der Verbesserung der Verkehrsmittel und der Erkenntnis, daß die Wochenmärkte in der neuen Epoche ihre Aufgaben, die mächtig wachsende Hauptstadt mit Nahrungsmitteln zu versehen, nicht erfüllen konnten, die Gründung der Markthallen Berlins herbeiführte.

Zwar war schon im Jahre 1848, als durch die Teuerungsjahre von 1846/47 das Interesse der Bevölkerung auf die Lebensmittelversorgung gelenkt worden war, eine Verbesserung des Marktwesens angeregt durch Abgeordnete, die das Markthallenwesen des Auslandes, namentlich das von Paris, kennen gelernt hatten. Im Jahre 1862 wurde von Abgeordneten schon die Errichtung von Markthallen und Schlachthäusern gefordert. Aber wegen der unruhigen politischen Verhältnisse und wegen mancher anderer Unternehmungen der Stadt konnte man sich nicht zur Errichtung von Markthallen entschließen. Da die Stadt nicht wollte, ergriff das Privatkapital die Gelegenheit, dem Bedürfnis der Bevölkerung nach geordnetem Lebensmittelverkehr nachzukommen. Im Jahre 1867 eröffnete die Berliner Immobilien-Aktiengesellschaft mit Genehmigung der Behörden eine Markthalle. Aber schon nach einem halben Jahre mußte die Halle geschlossen werden, obgleich das Polizeipräsidium das Unternehmen dadurch unterstützt hatte, daß es die beiden in der Nähe der Markthalle gelegenen Wochenmärkte schloß. Weder Käufer noch Verkäufer vermochte die neue Einrichtung an sich zu ziehen, weil sie an einem ungünstigen Platze lag und außerdem eine praktische Zusammenordnung der Stände, in denen die für den Haushalt am meisten benötigten Waren auslagen, vermissen ließ. Verkäufer und Publikum verteilten sich auf die anderen Wochenmärkte, sodaß das Polizeipräsidium nach Schließung der Halle genötigt war, die alten Wochenmärkte wieder einzurichten. 1871 machte die Deutsche Baugesellschaft dem Magistrat von Berlin das Anerbieten, die ganze Stadt mit Markthallen zu versehen, wenn sich die Stadt verpflichtete, den gesamten Marktverkehr hineinzulegen, alle Wochenmärkte also aufzuheben. Dem Ansuchen wurde jedoch nicht stattgegeben, weil ein Wechsel im Polizeipräsidium stattfand, dessen neuer Leiter zuerst in jener Zeit aussprach, daß die „Versorgung der Bevölkerung durch Markthallen eine öffentliche Angelegenheit staatlichen und kommunalen Interesses sei", Privatgesellschaften also nicht übertragen werden konnte. Er betonte damit, daß es nicht genüge, bedeckte Wochenmärkte zu schaffen, wie die Privatunternehmungen das als einzigen Zweck angesehen hatten, sondern daß man zugleich mit der *technischen Verbesserung der Verkaufsstätten* durch die Markthallen eine *Konzentration des Lebens-*

mittelverkehrs herbeiführen müsse. Allmählich drang seine Meinung auch im Magistrat von Berlin durch, sodaß dieser im Jahre 1880 erklären konnte, „daß sich auch innerhalb der Gemeindebehörden die Überzeugung verbreite, daß für Berlin Markthallen nicht mehr zu entbehren, jedoch von der Stadt zu erbauen seien".

Den bis dahin ziemlich langsam voranschreitenden Verhandlungen gedieh ein Umstand zu rascher Förderung: Die Anlage der Berliner Stadtbahn. Einige Abgeordnete der Berliner Verwaltungsbehörden sahen von Anfang an den Wert des Bahnanschlusses für eine Markthalle ein. Galt es auch zunächst manche Bedenken hinwegzuräumen über Größe, Zweckmäßigkeit und Rentabilität des Bahnanschlusses für die Markthalle, so förderte man doch den Plan soweit, daß der Magistrat am 14. Februar 1881 an die Stadtverordnetenversammlung das Ersuchen richtete, in einer Kommission vorzuberaten, „ob, inwieweit und an welchen Punkten die Stadteisenbahn für die Zwecke der Lebensmittelversorgung der Stadt und der besseren Ausbildung ihres Lebensmittelmarktes in öffentlichen, durch die Stadteisenbahn mit den gesamten Schienenwegen des Landes verbundenen Verkaufshallen nutzbar zu machen sei".

Diese Vorlage wurde angenommen und noch erweitert durch das Ersuchen an den Magistrat, „einen generellen Plan behufs Errichtung von Markthallen für die ganze Stadt aufzustellen".

Das Jahr 1881 sicherte also Berlin und damit dem Deutschen Reiche die erste, großzügige Markthallenanlage, die nach ausländischem Muster, aber angepaßt den damaligen deutschen Verhältnissen errichtet wurde. Im Jahre 1886 konnte die Zentralmarkthalle am Alexanderplatz nach dreijähriger Bauzeit dem Verkehr übergeben werden, zugleich die drei Bezirksmarkthallen: Markthalle II, zwischen Lindenstraße und Friedrichstraße; Markthalle III, zwischen Zimmer- und Mauerstraße; Markthalle IV, zwischen Dorotheenstraße und Reichstagsufer, alle in der Mitte der Stadt gelegen. Der nächste Plan galt der Versorgung der weiteren Stadt: Der Norden, Westen, Süden und Osten der Stadt sollten je eine besondere Bezirksmarkthalle erhalten. So konnten im Jahre 1888 eröffnet werden: Für den Westen Markthalle V auf dem Magdeburger Platz; für den Norden Markthalle VI, zwischen Dresdener Straße, Buckower Straße und Luisenufer, und für den Osten Markthalle VIII, zwischen Andreasstraße, Krautstraße und Grüner Weg.

Da sich in den ersten Jahren alle Markthallen hinsichtlich ihres wirtschaftlichen Zweckes und ihres finanziellen Ergebnisses durchaus bewährten, fühlten sich die vom Zentrum entfernter liegenden Stadtteile gegenüber den mit Markthallen versehenen zurückgesetzt und verlangten für jede Vorstadt auch ihre Markthalle. So sehr sich auch anfangs der Magistrat angesichts der durchweg dünnen Bevölkerung dieser Stadtteile gegen diese Forderungen ablehnend verhielt, auf die Dauer konnte er dem Drängen der Interessenvereinigungen nicht widerstehen und beschloß die Errichtung von sechs weiteren Bezirksmarkthallen, in der Hoffnung, daß sie sich bei dem schnellen Anwachsen der Stadt doch bald rentieren würden. So konnten eröffnet werden im Jahre 1891: Markthalle IX für die äußere Luisenstadt, zwischen Pückler- und Eisenbahnstraße; Markthalle X für Moabit, auf dem Arminiusplatz; im Jahre 1892 Markthalle XI für die Tempelhofer Vorstadt auf dem Marheineckeplatz und Markthalle XII auf dem Gesundbrunnen zwischen Grünthaler- und Badstraße; Markthalle XIII für die Schönhauser Vorstadt zwischen Wörther- und Treskowstraße, und Markthalle XIV für den Wedding, zwischen Reinickendorfer und Dalldorfer Straße.

Mittlerweile hatte sich jedoch der Großhandel in Markthalle I dermaßen vermehrt, daß nicht nur der Bahnanschluß schon im Jahre 1887 bedeutend vergrößert und mit einer besonderen Güterexpedition versehen worden war, sondern durch die gewaltig fortschreitende Entwicklung des Großhandels wurde man auch gedrängt, eine besondere Halle: Markthalle Ia, neben der Markthalle I zu errichten, die nach Übernahme des größten Teiles des Großhandels der Markthalle I allein für den Großhandel bestimmt wurde. Nur diejenigen Geschäftszweige, in denen Groß-

und Kleinhandel schwer von einander zu trennen sind, wie der Wild-, Geflügel- und Fischhandel, blieben in der Markthalle I.

Eine Zeit lang vermochten diese Hallen dem mächtig aufblühenden Handel zu genügen, aber schon im Jahre 1901 waren die vorhandenen Räume voll besetzt, und mit jedem Jahre mußte man mehr einsehen, daß durch den Bahnanschluß, der der gewaltigen Inanspruchnahme immer weniger genügte, und durch den Mangel an Räumlichkeiten zum Lagern der Waren ein Mißstand sich zeigte, der den Hauptzweck der Markthallen, eine Konzentration des Lebensmittelverkehrs herbeizuführen, aufs äußerste gefährdete. So entschloß man sich denn im Jahre 1909 zu einer Absonderung und Verlegung des ganzen Großhandels von dem Zentrum der Stadt an die Peripherie im Nordosten. Hier, neben dem Schlachthof an der Kniproderstraße, sollen neue Markthallen für den Großhandel unter Aufwendung von 25 Millionen Mk. erbaut werden, die allen Anforderungen der Gegenwart — man rechnet mit einem täglichen Wagenverkehr mit Eisenbahn von 400 Achsen — und der nächsten Zukunft in Lage, Größe und Einrichtung entsprechen sollen.

Die entgegengesetzte Tendenz, wie der Großhandel, schlug überall der Kleinhandel in Markthallen ein, sodaß Berlin gezwungen war, schon 1898 die Bezirksmarkthalle XII zu schließen. Ihr folgten 1910 die Markthallen III und XIII. Über die Schließung weiterer Markthallen, die wahrscheinlich ist, hat man noch keinen Entschluß gefaßt.

§ 7. Die Markthallen in den übrigen Städten Deutschlands.

Schon vor der Berliner Anlage existierten Markthallen, wenn man sie so bezeichnen und in ihnen nicht nur gedeckte Wochenmärkte sehen will. Doch wirkte gerade die Berliner Markthallenanlage für ganz Deutschland anregend auf dem Gebiete des Markthallenwesens; denn die günstigen Resultate, die man sowohl mit den Markthallen für den Groß- als auch mit denen für den

Kleinhandel in der ersten Zeit erzielte, ließen bei vielen Stadtbehörden den Plan reifen, auch ihrerseits Markthallen zu bauen. Bis in die neunziger Jahre hörte man nur ein Urteil des Lobes über sämtliche Markthallen. Da aber zeigten die Berliner Bezirksmarkthallen, daß sie sich nicht oder nur unter den größten Anstrengungen zu halten vermochten, und ein allgemeines Zögern im Bau von Markthallen war die Folge davon. Erst in letzter Zeit, wo die Unzulänglichkeit der Wochenmärkte immer mehr augenscheinlich wird und alles Flickwerk, das von den Stadtverwaltungen zur Abänderung der Mißstände angewandt wurde, seine wahre Natur offenbart, beginnen die Stadtverwaltungen dem Plan der Erbauung von Markthallen wieder näher zu treten; aber überall — das zeigen recht deutlich die Kommissionsakten der Städte — mit einer Vorsicht, die hier zwar sehr angebracht ist, manchmal jedoch unseres Ermessens über das notwendige Maß hinausgeht und auf diese Weise Mißstände immer weiter bestehen läßt, die im Interesse der Bürger abzuschaffen erste Pflicht der Stadtverwaltungen sein sollte.

Selbst in den Städten, in denen Markthallen sind, kann in Deutschland von einem organisierten Nahrungsmittelverkehr nicht überall die Rede sein, da man mit wenigen Ausnahmen bis jetzt noch zu einer modernen Reform sich nicht hat aufraffen können. Für den ganzen Nahrungsmittelverkehr in Deutschland ist es bezeichnend, daß bis heute von 47 Städten über 100 000 Einwohnern, Städten also, denen eine vernunftgemäße Organisation des Lebensmittelverkehrs Bedürfnis ist, nur 17 Städte im Besitze von Markthallen sind, nämlich: Berlin, Braunschweig, Barmen, Breslau, Chemnitz, Cöln a/Rh., Crefeld, Danzig, Dresden, Frankfurt a/M., Hannover, Leipzig, München, Nürnberg, Saarbrücken, Straßburg und Stuttgart. Von diesen insgesamt 40 Markthallen sind Hauptmarkthallen nur die Markthalle Ia in Berlin und die Hauptmarkthalle in München; 20 sind Zentralmarkthallen und 18 (die geschlossenen Berliner Hallen III, XII und XIII mit eingerechnet) sind Bezirksmarkthallen, von denen Berlin allein 13 besitzt. Näheren Aufschluß über Größe der Gebäude, Datum der Eröffnung, Größe der Standfläche und Bau- und Erwerbskosten gibt Tabelle I im Anhang.

Besonders hervorzuheben sind unter den deutschen Markthallen außer denjenigen Berlins noch die größtenteils dem Großhandel dienenden Zentralmarkthallen von Dresden, München und namentlich die im Jahre 1908 eröffneten Zentralmarkthallen von Breslau, die in jeder Weise aufs praktischste eingerichtet sind und vollkommen den modernen Anforderungen entsprechen. Ganz ausgeführt in Eisenbeton, also vollständig feuersicher und fast unempfindlich gegen Wärme- und Kälteeinwirkungen von außen, bestehen sie innen aus großen lichten Räumen, sind mit Kühlanlagen ausgerüstet und sichern Käufern und Verkäufern durch die im Keller und in den Standräumen angebrachte Ventilation stets gute Luft. Diese Markthallen haben als die einzigen außer in den Lagerräumen auch über den Ständen für Fische und Käse Ventilatoren, eine Einrichtung, die sich äußerst gut bewährt und baldmöglichst auch in anderen Markthallen eingeführt werden sollte *).

Drittes Kapitel.

Voraussetzungen für das Gedeihen der Markthallen.

§ 8. Gründe für die Errichtung.

Das mächtige Aufblühen des Großhandels nach Errichtung der Berliner Markthallen ist der sprechendste Beweis dafür, daß Markthallen in Berlin nur dem dringendsten Bedürfnis entsprachen, und zeigt deutlich, daß die bisherige Versorgung durch Wochenmärkte vollständig unzulänglich war, sowohl was die Zufuhr und damit die Preisbildung, als auch, was die Unterverteilung betrifft. Zwar sind wir weit davon entfernt, dieses Urteil über den Wochenmarkt ohne Wahl für alle Städte anzuwenden. Im Gegenteil, für kleinere und selbst mittlere Städte ist der Wochenmarkt die geeignetste Einrichtung der Versorgung

*) Näheres darüber findet man in der ausgezeichnet ausgearbeiteten Denkschrift: „Die städtischen Markthallen in Breslau", herausgegeben vom Magistrat der Stadt Breslau 1908.

der Bürger mit Lebensmitteln wegen seiner Einfachheit, Schnelligkeit des Umsatzes und des schon historisch gewordenen Brauches, der sich zwar im allgemeinen durch die Jahrhunderte langsam den Verhältnissen angepaßt hat, ohne aber sein Gepräge sehr zu verändern. Denn in einer kleineren Stadt ist der Verkehr zwischen Produzent und Konsument, wie man ihn im allgemeinen wegen des niedrigeren Preises und der Güte der Waren nur wünschen kann, durchführbar. Der Umsatz, der dem Bedürfnis der Bürger entspricht, ist verhältnismäßig gering und der Weg, sowohl der Produzenten als auch der Konsumenten zum Wochenmarkt nur klein, weil einerseits die nächste landwirtschaftliche Umgebung der Stadt der Nachfrage der Bevölkerung nach frischen Lebensmitteln genügen kann und andererseits die Bürger selbst wegen der geringen Ausdehnung der Stadt bald zum Wochenmarkt gelangen können. Ein Zwischenhandel ist hier nicht notwendig, wirkt preisverteuernd und sollte auch in mittleren Städten nur dann gefördert werden, wenn er von Aufkäufern auf dem Lande geschieht, die zum Teil selbst Produzenten sind, bei denen also die Gewähr, stets gute und frische Ware zu erhalten, größer ist als bei den Aufkäufern in der Stadt, die gewöhnlich außer ihrem Marktstand noch ein Geschäft in der Stadt inne haben.

Anders liegen die Verhältnisse in der Großstadt. Hier kann der Wochenmarkt seine Aufgabe nicht mehr erfüllen; denn die Menge der umzusetzenden Waren ist zu groß, als daß sie durch die einfache Einrichtung des Wochenmarktes bewältigt werden könnte. Eine straffe Organisation ist hier notwendig, und darin versagt eben der Wochenmarkt vollständig, er ist, wie es in den Berichten der Städte überall heißt, unzureichend.

Niemand, der sich nicht selbst in der Praxis mit dieser Materie beschäftigt hat, ahnt, wieviel Sorge der Stadtobrigkeit dies eine Wort ausdrückt. Mit ungeheurer Schnelligkeit wachsen unsere Städte, das Bedürfnis nach frischen Nahrungsmitteln wächst und wächst. Die früher ackerbautreibende Bevölkerung an der Peripherie wird von der Industrie aufgesogen. Die Zufuhr an Nahrungsmitteln wird geringer, die Nachfrage bedeutend größer, infolgedessen steigen die Preise. Es müssen mehr Produkte von entfernter wohnenden Produzenten herbeigeführt werden. Dies kann aber nur durch Zwischenhändler geschehen, weil der Erlös aus den Waren bei der bedeutend größeren Entfernung eines Teiles der Produzenten dem Verlust an Fracht, Zeit und Arbeit nicht entspricht, wenn sie selbst mit ihrem verhältnismäßig kleinen Quantum zum Markt gehen wollten.

Andererseits bedarf auch die Unterverteilung an die Konsumenten ihrer Hilfskräfte, des Zwischenhandels. Denn erstens wäre die Menge der Waren viel zu groß, als daß sie von den wenigen Produzenten abgesetzt werden könnte, und zweitens wäre der Weg viel zu lang, als daß ihn die Konsumenten zum Einkauf ihres geringen Quantums von frischen Nahrungsmitteln zurücklegen würden. Zwischenhändler müssen hier das Bindeglied sein, selbst unter der Voraussetzung, daß der Preis durch ihren Gewinn verteuert werden könnte. Übrigens wären insofern die Zwischenhändler wohl kaum von so großem Schaden für den Konsumenten wie für den Produzenten, weil ersterem durch die größere Konkurrenz und die Veröffentlichung der Preise in den Ladengeschäften immer Gelegenheit zu billigerem Einkauf gegeben ist, während der Produzent wegen Mangel an Geschäftsgewandtheit und wegen Unkenntnis der Preise einen großen Teil des Gewinnes der Zwischenhändler bezahlen müßte.

Zur Lieferung und zum Absatz der Waren sind also in Großstädten Zwischenhändler direkt notwendig. Wie sollen sie aber bei einer so einfachen Einrichtung, wie es der Wochenmarkt ist, der eigentlich nur dem Verkehr zwischen Produzenten und Konsumenten bestimmt ist, zum Wohle der Konsumenten arbeiten? Das ist beim Wochenmarkt schlechterdings unmöglich. Der ganze Betrieb wird durch die größeren Anforderungen verändert. Nun suchen sich die Stadtverwaltungen zu helfen. Es werden mehr Stände eingerichtet; dicht gedrängt stehen die Verkäufer Stand an Stand. Eine Übersicht und eine Kontrolle ist schon nicht mehr möglich. Die anliegenden Straßen müssen mit benutzt werden. Jeden Morgen wird der Verkehr bis 1 oder 2 Uhr gestört, wenn er zeitweise nicht gar vollständig stockt; denn selbst in den Straßen, wo Standinhaber nicht mehr sind, warten doch ihre Lastfuhrwerke auf den Zeitpunkt des Abbruchs der Stände, der im Interesse des Verkehrs laut Polizeivorschrift nach Schluß des Marktes sehr schnell geschehen muß. Die Ladeninhaber werden durch die vor ihren Häusern stehenden Stände und Wagen geschädigt; denn die Kunden können nur mit Mühe zwischen den Ständen hindurchkommen, um in den Laden zu gelangen, und die Schaufenster verfehlen durch die vor ihnen aufgebauten Stände zum Teil ihren Zweck. Fortwährende Beschwerden an den Magistrat sind die Folgen davon. Nun wird ein Teil der Verkäufer auf einen anderen Platz verwiesen. Bei dem konservativen Charakter des Marktes strömen die Käufer vor wie nach vorzugsweise nach dem alten Markt. Die Verkäufer auf dem anderen Markt erleiden eine beträchtliche Einbuße am Verdienst, und Beschwerden ihrerseits an den Magistrat über die ungerechtfertigte Versetzung sind die Folge.

Immer noch kann die Stadtverwaltung aus Scheu vor den großen Ausgaben sich zu keiner durchgreifenden Maßnahme entschließen. Ein Stadtteil-Wochenmarkt nach dem andern entsteht mit dem schnellen Aufblühen der Stadt, und auf jedem stellen sich nach und nach die gleichen Mißstände ein.

Artet die äußere Anordnung der Stände in einen solchen Wirrwarr aus, so ist der Handelsbetrieb nicht viel anders. Solange ein Markt besteht, kann man noch von einer Konzentration der Zufuhr reden, wenn auch eine Übersicht dort bald ausgeschlossen ist. Mit der Errichtung von Bezirks-Wochenmärkten hört die Konzentration und damit auch eine nur annähernde Regelung der Preise auf. Fast ganz in das Belieben der Händler ist es gestellt, die Preise hoch oder niedrig festzusetzen. Nur die Konkurrenz schützt in den meisten Fällen vor großer Übervorteilung der Konsumenten. Schließen sich die Verkäufer aber zusammen, wie es oft geschieht, so ist der Unterschied zwischen Laden- und Wochenmarktspreisen nur äußerst gering, vermag aber trotzdem, wie die Erfahrung lehrt, Käufer genug heranzulocken.

Neben der Aussicht, höhere Preise zu bezahlen, hat der Konsument auch durchaus keine Gewähr, gute Waren zu erhalten; denn bei dem mit den Jahren sich einstellenden Durcheinander kann natürlich von einer geordneten Kontrolle der Lebensmittel auf ihre Beschaffenheit keine Rede mehr sein, umsomehr, als die Stände auf dem Wochenmarkt keinen geeigneten Schutz bieten gegen die Unbill der Witterung, gegen Regen, der überdies die Waren auch noch im Gewicht erhöht, gegen Staub und Sonnenschein, denen die Waren hier mehr als an irgend einem anderen Verkaufsplatze ausgesetzt sind, und gegen Beschmutzung von Hunden, die von einem Stande zum andern laufen. Auch lassen die Stände selbst in den meisten Fällen Reinlichkeit sehr vermissen, ein Umstand, der namentlich bei Fleischständen oft direkt ekelerregend wirkt.

Der Unbill der Witterung sind aber auch Verkäufer und Käufer schutzlos preisgegeben. Stundenlang müssen oft die Verkäufer im Schmutz stehen, da die Plätze, auf denen der Markt stattfindet, nur in den seltensten Fällen gepflastert und bei Regen um so geeigneter zur Ansammlung des Wassers sind. Die Käufer müssen in dem Schmutz von Stand zu Stand gehen und können bei dem schlechten Wetter nur in aller Hast ihre Wünsche befriedigen. Die meisten werden es aber vorziehen, zu teuerem Preis in den der Wohnung nahe gelegenen Läden ihre Waren zu erstehen. Ein geringerer Umsatz ist für die Standinhaber außer den großen Strapazen also noch die Folge davon, wenn sie sich nicht auch dazu verstehen, dem Markte fern zu bleiben und dadurch der Stadt die Einnahme an Standgeldern kürzen.

All diesen großen und kleinen Mißständen mußte abgeholfen werden. Man half sich zunächst mit gedeckten Wochenmärkten. Bald jedoch sah man von deren Errichtung ab, da man erkannt hatte, daß sie für die Stadtplätze unschön wirkten, im Verhältnis zu teuer waren, als daß ihre Kosten durch Standgelder leicht aufgebracht werden konnten, und außerdem bedeutend mehr Platz in Anspruch nahmen als die früheren Wochenmärkte.

All diesen Schäden können nur Markthallen abhelfen, die namentlich den Zweck der Konzentrierung des Lebensmittelverkehrs erfüllen und unter einer Verwaltung, wie sie z. B. anerkannt mustergültig die Markthallen von Berlin haben, dieser Aufgabe auch gerecht werden.

§ 9. Verkehrstechnische Erfordernisse vor Errichtung der Markthallen.

Bestimmte Bedingungen müssen allerdings erfüllt sein, wenn die Markthallen den Schäden des Wochenmarktes abhelfen und den bisherigen Nachteilen nicht noch den viel größeren der Verteuerung der Lebensmittel hinzufügen sollen. Es muß der Verkehr tatsächlich eine solche Höhe erreicht haben, daß Wochenmärkte ihn eben nicht bewältigen können. Genaue statistische Erhebungen sind anzustellen über Zahl der Verkaufsstände und Mengen der verkauften Waren, über Durchgangs-, Laden-, Klein- und Straßenhandel, über Besetzung der Stände nach Jahreszeit und Wochentagen, über Verkauf einzelner Händler auf mehreren Wochenmärkten zugleich usw., soweit das bei der für Statistik äußerst schwierigen Materie überhaupt möglich ist; denn die Dezentralisation des Lebensmittelverkehrs und die Ungenauigkeit der Aufzeichnungen der Reichs-, Staats- und Stadtbehörden setzt einem genauen Resultat ungeheure Schwierigkeiten entgegen. Genaue Kalkulationen vorher sind geboten; denn wie die Praxis überall zeigt, sind Interessenten nur zu leicht bei der Hand, durch Übertreibungen der Mißstände des Wochenmarktes Markthallen im Interesse der Konsumenten zu fordern, selbst wenn der Verkehr durchaus noch nicht genügt, um ein solches Unternehmen rentabel zu machen.

Ist nach der Größe des Verkehrs zu urteilen, eine Rentabilität der Markthalle wahrscheinlich, so müssen die Stadtverwaltungen bedacht sein, das neue Unternehmen, was Lage und Größe des Gebäudes, die innere Einrichtung und Verwaltung betrifft, in jeder Weise nicht nur dem gegenwärtigen, sondern auch dem in nächster Zeit vorauszusehenden Verkehr anzupassen. Nur allzuoft zeigt die

Wirklichkeit namentlich in Bezug auf die Größe der Markthallen das gerade Gegenteil.

Alles dieses kann aber nur dann von Erfolg sein, wenn das Publikum die Arbeit der Verwaltung unterstützt, wenn es nach den Veröffentlichungen der Markthallenleitung über die vorhandenen Waren und Preise seine Einkäufe einrichtet und nicht durch Entnahme nur einer Ware, die es sich vorher zu kaufen einmal vorgenommen hat, Verderbnis der andern Ware herbeiführt. Ebenso ist es notwendig, eine genaue Kontrolle über die Qualität der Waren auszuüben, sodaß die Verkäufer dadurch und durch die Konkurrenz untereinander gezwungen werden, möglichst gute Ware zu angemessenem Preise zu verkaufen.

Möglich ist ihnen dies allerdings nur, wenn die Waren durch die erhobenen Abgaben an Stand- und Lagergeld nicht zu sehr belastet werden. Zwar werden die Abgaben ja stets höher sein als die auf dem Wochenmarkt, auf dem nur Entschädigungen für den Platz und die geleisteten Dienste von der Stadtverwaltung beansprucht werden können. Keinesfalls dürfen die neuen Einrichtungen aber als Unternehmen zum Füllen des Stadtsäckels aufgefaßt werden, denn die Folge davon würde eine Verminderung von Verkäufern und Käufern und ein Mangel an Zufuhr sein. Kurz, je nach der Höhe der Abgaben könnten die Vorzüge der Markthalle, wenn auch nicht illusorisch gemacht, so doch dadurch wesentlich beeinträchtigt werden.

Schließlich ist noch eine verkehrspolizeiliche Maßnahme nicht zu umgehen: Da Markthallen den Zweck haben, der Konzentrierung des Lebensmittelverkehrs zu dienen, und durch die erforderlichen Ausgaben eine mäßige Erhöhung des Standgeldes unvermeidlich ist, so müssen, soll das neue Unternehmen gedeihen, die Wochenmärkte, wenigstens so weit das Konsumentengebiet der Markthallen reicht, aufgehoben werden, obgleich Käufer und Verkäufer, wie man überall beobachten kann, nur ungern diese alte Einrichtung missen. Eine Konkurrenz durch die Wochenmärkte ist hier ein Unding und dem ganzen Vorhaben geradezu widersinnig.

Viertes Kapitel.

Technische Einrichtungen und Organisation der Markthallen.

§ 10. Anforderungen an Lage und Größe.

Schon die Natur der Markthallen, die nur den Funktionen des Handels dienen sollen, bedingt es, daß sie nur an Verkehrszentren liegen sollen. Ein Unterschied ist da allerdings zu machen zwischen Bezirks- und Zentralmarkthallen einerseits und Hauptmarkthallen andererseits. Hallen, die irgendwie dem Kleinverkauf dienen, müssen der Bequemlichkeit des Publikums in ihrer Lage ganz angepaßt sein. Sie müssen so liegen, daß ihre Anwesenheit jedem Vorüberkommenden auffällt und er „eben hineinspringen" kann, um seine Einkäufe zu machen. Den Nachteil, den eine nichtzentrale Lage mit sich bringt, sahen wir schon an den Wiener Markthallen.

Auf diesen Punkt kommt es bei den Hauptmarkthallen, die ausschließlich zum Großhandel bestimmt sind, weniger an. Es handelt sich hier immer um größere Posten, die man ein- oder verkaufen will, sodaß sich auch ein längerer Weg lohnt wegen des großen Preisunterschiedes, der durch die Menge herbeigeführt wird. Außerdem ist die Anwesenheit solcher Anlagen jedem bekannt, der den Handel mit Verkaufsgegenständen der Markthalle zu seinem Beruf gemacht hat. Der Reklame in demselben Maße, wie die Bezirksmarkthallen, braucht das Gebäude also nicht zu dienen.

Der Umstand, daß die Markthallen durchweg im Zentrum liegen müssen — Hauptmarkthallen sind im allgemeinen doch nur für allergrößte Städte (500 000 Einwohner und mehr) rentabel — trägt zu ihrer Verteuerung ganz wesentlich bei, betragen die Kosten des Grunderwerbs doch, wie Tabelle I zeigt, bei 13 Markthallen von

27 mehr als die Kosten des Baues und der inneren Einrichtung, und bei den meisten der übrigen kommen sie ihnen annähernd gleich. Der Raum in der Markthalle ist nämlich bis jetzt sehr schlecht ausgenutzt worden, sodaß die zum Handel meist verfügbare Fläche nur der teure Boden war; Galerien für weniger große Mengen sind nur in einem Teile der Markthallen angelegt. Doch ist ein Grund dafür eigentlich nicht einzusehen, nutzen doch z. B. Warenhäuser den Raum ganz anders aus, indem sie drei und vier Stockwerke übereinander bauen. Das Gewicht der in den Markthallen zu lagernden Waren würde allerdings oft größer sein als das in Warenhäusern, es könnte von den Böden aber sehr wohl getragen werden, und der Unbequemlichkeit des Treppensteigens, das manche vom Kauf in Markthallen abhalten soll, wäre durch eine vergrößerte Anzahl von Fahrstühlen für Güter- und Personenverkehr sehr wohl abzuhelfen.

Man könnte auch, statt mehrstöckige Bauten zu errichten, den Boden der Hallen verwenden, wie es in Berlin geschieht. Hier sind die Ausgaben für den Grund und Boden schon insofern wesentlich herabgesetzt, als Berlin nach Möglichkeit seine Markthallen auf Hinterland verlegt und in den an die Straßen grenzenden Gebäuden, sowie in den Durchfahrten Läden und in den oberen Stockwerken auch Beamtenwohnungen eingerichtet hat. Nach dem Verwaltungsbericht von 1910 erhält Berlin an Miete für diese Wohnungen und Läden allein 191 097,06 Mk.; dazu kommt ein bestimmter Betrag für die Benutzung der Keller in den Mietshäusern, der aus dem Verwaltungsbericht nicht zu ersehen ist, da dieser Betrag zusammen mit den Kellermieten für Markthallen aufgeführt wird.

Nachteile einer solchen Lage der Markthallen in Hinterhöfen sind, daß sie die Aufmerksamkeit des Publikums nicht auf sich lenken, einen längeren Weg erfordern und namentlich meistens keinen genügenden Platz für die harrenden Lastfuhrwerke gewähren.

Die dem Bedürfnis entsprechende G r ö ß e der Markthalle zu berechnen, ist nicht leicht. Maßgebend dabei muß die notwendige Standfläche sein. Verkehrt wäre es aber, hier dieselbe Anzahl der Stände anzunehmen, wie sie auf dem Wochenmarkte bestehen, denn auf den Wochenmärkten, die gewöhnlich an verschiedenen Stellen der Stadt zu verschiedener Zeit und dann fast stets nur bis 1 Uhr mittags stattfinden, hat ein Verkäufer oft je einen Stand auf jedem Marktplatze. Da aber in der Markthalle täglich von morgens bis abends mit Ausnahme einer Mittagspause verkauft wird, kann er jetzt nur noch einen Stand bedienen. Andererseits muß aber doch eine genügende Anzahl Stände vorhanden sein, um eine Monopolstellung einzelner Händler zu verhindern und den Konsumenten die Vorteile der Konkurrenz zuteil werden zu lassen. Lindemann, der als Stadtbauinspektor den Bau der Berliner Markthallen leitete, verlangt für eine Bezirksmarkthalle mindestens 200 Stände. (Lindemann, Die Markthallen Berlins, S. 45.)

Es ist ferner sehr darauf zu achten, den Platz, namentlich, wenn Großhandel in Betracht kommt, bedeutend größer zu wählen, als der gegenwärtige Handel es erfordert. In der größten Zahl der in der ersten Zeit eingerichteten Zentralmarkthallen genügen die Räumlichkeiten dem Großhandel nicht; denn mit der rasch wachsenden Bevölkerungszahl muß der Lebensmittelhandel mindestens Schritt halten, wenn nicht sogar schneller vorschreiten, da sich auch eine steigende Zahl der Ansässigen, die früher zum Teil Produzenten waren, der Industrie zuwendet. Ungenügende Räumlichkeiten für die Lagerung würde aber eine Teilung des Marktes und damit eine Dezentralisation der Nahrungsmittelzufuhr herbeiführen, was im Interesse der Preisregelung und der ordnungsgemäßen Kontrolle durchaus vermieden werden muß. Die Schäden, die solche enge Lager- und Verkaufsräumlichkeiten für die Zufuhr mit sich bringen, zeigen sich deutlich in den Berliner Markthallen I und Ia, wo die Mißstände schon seit mehreren Jahren der Stadtverwaltung Anlaß zu schweren Sorgen gegeben haben.

Welch großen Einfluß die Bevölkerungszunahme auf die Entwicklung des Marktes hat, zeigen die Tatsachen, daß Frankfurt a/M. z. B. von 1879—1910 um 140,4% an Einwohnern zugenommen, d. h. in 31 Jahren sich mehr als verdoppelt hat, sodaß es jetzt gezwungen ist, zur Entlastung seiner 1879 eröffneten Markthalle im Zentrum der Stadt eine Zentralmarkthalle zu gründen, die überwiegend dem Großhandel dienen soll. Nach einer Mitteilung aus den Akten der Stadt Düsseldorf hat sich der Wochenmarkt hier von 1882 bis 1894 um etwa 70% vergrößert bei einer Bevölkerungszunahme von 95 458 Einwohnern im Jahre 1880 auf 175 985 im Jahre 1895; die Entwicklung des Wochenmarktes hat also mit dem Wachsen der Bevölkerung fast Schritt gehalten. Die Differenz ergibt sich durch die Zunahme der Nahrungsmittelläden in der Stadt, die besonders in letzter Zeit überall durch ihre schnelle Vermehrung der relativen Schnelligkeit der Entwicklung des Wochenmarktes Einhalt tun.

Diese Erfahrung, daß der Wochenmarkt fast in demselben Maße sich vergrößert wie die Bevölkerungszahl, hat auch die Markthallenkommission von Frankfurt a/M. gemacht. (Kommissionsbericht S. 6.) Als durchaus zuverlässiges Ergebnis kann dies jedoch nicht für alle Städte aufgefaßt werden, da lokale Verhältnisse (Gewohnheiten von Verkäufern und Käufern, Umgebung der Stadt usw.) zu sehr mitsprechen und die Entwicklung namentlich des Großhandels in den Markthallen zweifellos schneller vor sich geht als auf den Wochenmärkten.

§ 11. Haupterfordernis einer zweckentsprechenden Einrichtung*).

Licht und Luft, Raum und Reinlichkeit sind die ersten Vorbedingungen, die man an jeden Verkaufsraum für Nahrungsmittel, nicht nur an Markthallen, zu stellen hat. Diesen Anforderungen muß die Einrichtung entsprechen.

Die Markthalle besteht aus einem großen Gebäude, das entweder nur eine benutzbare Fläche zu ebener Erde hat

---

*) Vgl. dazu die Abbildungen in der angeführten Denkschrift des Breslauer Magistrats.

oder noch mit einer Galerie versehen ist. Das Dach, das am zweckmäßigsten shedartig gebaut ist, besteht aus Glas, das zur Verhinderung der Lufterwärmung in der Markthalle an den durch Sonnenstrahlen erwärmten Gegenständen entweder mit weißer Farbe bestrichen ist oder aus gelblich gefärbtem Kathedralglas besteht. Der der Reinigung wegen am besten mit Tonfließen belegte Erdboden wird durch breite Fahrstraßen, die mit halbgebrannten Klinkern gepflastert sind, in zwei bis drei große Felder eingeteilt, diese wieder durch Gänge in kleinere Flächen zum Aufstellen der Stände. Auf Gefälle des Fußbodens zur Abführung des Spülwassers ist überall zu achten. Ebenso ist ein doppelter Anschluß an das Hauptrohr der Wasserleitung für den Fall, daß der eine Anschluß versagt, durchaus notwendig. Auf den kleineren abgeteilten Feldern des Bodens werden, wenn eine Bezirksmarkthalle in Frage kommt, feste Stände für Fleischer, Gemüse-, Käse- und Fischhändler eingerichtet, jede Art ganz angepaßt dem Gegenstande des Verkaufs; namentlich sollten Fleischerstände des reinlicheren Aussehens wegen mit weißen Glasurfließen ausgestattet sein. Auch für eine besondere Beleuchtung mit elektrischen Glühlampen müßte Sorge getragen werden. Man vergleiche nur, welche Aufwendungen zu demselben Zweck Fleischerläden in der Stadt machen.

Für die Käse und Fischstände ist ein besonderer Ventilator anzubringen, der den durchdringenden Geruch absaugt, der sich sonst in der ganzen Markthalle verbreitet. Überhaupt ist auf eine gute Durchlüftung der Markthalle die äußerste Sorgfalt zu legen, da man Käufern und Verkäufern den Raum doch möglichst angenehm machen muß. Dachreiter, Klapp- und Jalousienfenster erfüllen hier ihren Zweck. Für jeden Stand, namentlich für die Fleischerstände,, ist genug Raum zu lassen (durchschnittlich 2—3 m tief, Front $1^1/_2$—$2^1/_2$ m), damit die Käufer, ohne sich zu drängen, ihre Einkäufe machen können, für die Waren Platz genug zum Lagern ist und die frische Luft überall durchdringen kann. Für die Verteilung der Standfläche schlägt Lindemann vor:

5% für den Handel mit Fischen,
25% „ „ „ „ Fleisch und Wild,
75% „ „ „ „ Grünkram, Obst, Butter etc.
(Lindemann S. 46). Doch dürfte es angebracht sein, die Fläche für Fleischerstände etwas zu erhöhen, zu ungunsten der für Obst und Gemüse. Ihren Ausgleich findet diese Verminderung durch die vom Publikum ohnehin gern aufgesuchten Gemüsegeschäfte in der Stadt.

Im Interesse aller Standinhaber verteilt man die Fleischerstände am besten überall an die Umfassungsmauern der Markthalle, da die Praxis gezeigt hat, daß die Hausfrauen, wenn die Fleischerstände auf eine Insel zusammengelegt waren, ihr Gemüse nur in den Ständen einzukaufen pflegten, die den Fleischerständen am nächsten waren (Lindemann S. 46), ein Beweis, wie sehr die Bequemlichkeit der Käufer beim Einkauf überall maßgebend ist. Für den Kleinverkauf der Produzenten bringt man am besten freie Standinseln an.

Für die Lagerung der Waren ist es notwendig, daß das ganze Gebäude unterkellert und das Kellergeschoß mit einer Kühlanlage versehen ist. Man hat festgestellt, daß, wenn man Fleisch bis auf +2°, Wild und Geflügel bis auf —5°, Fische bis auf —2° und Eier, Butter und Gemüse bis auf +1° abkühlt, sich diese Waren lange Zeit in ihrer Qualität erhalten lassen. Vorbedingung ist allerdings, daß sie von dem Kühlraum zunächst in einen eigens zu diesem Zwecke eingerichteten Vorraum gebracht werden, um sich allmählich der Außentemperatur anzupassen. (Küster, Referat über Markthallen.)

Auf ein Haupterfordernis möchten wir aber namentlich hinweisen, das zum Gedeihen der Markthallen durchaus notwendig ist, wenn dabei selbst nur ein geringer Großhandel in Frage kommt: auf den Bahnanschluß. Eine Umfrage der Markthallenkommission der Bremischen Bürgerschaft hat ergeben, daß von Haupt- und Zentralmarkthallen nur 5 Eisenbahnanschluß hatten, nämlich: Berlin, Markthalle I und Ia, Cöln, Dresden und Straßburg, von denen diejenigen der Markthallen in Berlin, Dresden und Cöln den Anforderungen des Verkehrs jedoch nicht mehr entsprechen. Keinen Bahnanschluß hatten die Zentralmarkthallen in Chemnitz, Danzig, Frankfurt a/M., Hannover, Leipzig und Stuttgart. Auch die 1908 erst eröffneten Zentralmarkthallen in Breslau haben keinen Eisenbahnanschluß.

Und doch kann man nur immer wieder auf die hervorragende Bedeutung des Bahnanschlusses hinweisen, der den Hauptzweck der Markthallen, durch Erschließung eines größeren Produktionsgebietes für möglichst große und regelmäßige Zufuhr zu sorgen, möglich macht. Außerdem werden die Vorteile des großen Angebots, das gerade die Markthallen herbeiführen sollen, wieder aufgehoben, wenn die Kosten für Um-, Auf- und Abladen und die Trägergebühren die Preise der Lebensmittel wieder erhöhen, wie das notwendig ist, wenn die Waren erst von anderen Bahnhöfen per Achse den Markthallen zugeführt werden müssen. Allein für den Transport eines Korbes Obst oder einer Steige Gemüse wird z. B. in Düsseldorf bei verhältnismäßig geringer Entfernung der Markthallen vom Bahnhof für jedes Stück 25 Pfg. erhoben, eine Abgabe, die namentlich, wenn man den Großhandel in Betracht zieht, durchaus nicht niedrig zu nennen ist. Als weitere Vorteile des Bahnanschlusses können angeführt werden:

1. Zeit- und Kräfteersparnis bei dem Produzenten oder Aufkäufer,
2. bessere Erhaltung der Qualität der Waren wegen des weniger häufigen Ab- und Umladens und des schnelleren Transportes,
3. eine bessere Ausgleichung des Angebots zu verschiedenen Zeiten, da bei Minderangebot wegen des schnellen Transportes leicht weitere Zufuhren herangeschafft werden können.

Diese Vorteile haben die Stadtverwaltungen in Berlin und München auch erkannt, die zum großen Teil wegen des nur hier vorhandenen genügenden Platzes die Hauptmarkthallen an die Peripherie der Stadt verlegen wollen. Von eben solch richtiger Erkenntnis zeugt der Bericht der Markthallenkommission in Frankfurt a/M. vom 28. September 1911, die sich zu dieser Frage folgendermaßen entscheidet

(S. 7): „Da für die Lebensmittelversorgung großer Städte der Großhandel immer mehr an Bedeutung gewinnt, ist Voraussetzung für eine solche Zentralmarkthalle, daß in erster Linie Rücksicht auf den Großhandel genommen und namentlich für einen zweckmäßigen und ausreichenden Bahnanschluß gesorgt wird. Kann die Zentralmarkthalle diese Voraussetzung nicht erfüllen, so empfiehlt es sich, eine besondere Großverkaufshalle zu errichten und im Stadtinnern eine Halle für den Kleinverkauf zu unterhalten."

§ 12. Die hauptsächlichsten Gegenstände des Verkaufs.

Nach § 66 der Reichsgewerbeordnung sind Gegenstände des Wochenmarktes:

1. Rohe Naturerzeugnisse mit Ausschluß des größeren Viehes,
2. Fabrikate, deren Erzeugung mit der Land- und Forstwirtschaft, dem Garten- und Obstbau oder der Fischerei in unmittelbarer Verbindung steht oder zu den Nebenbeschäftigungen der Landleute der Gegend gehört oder durch Tagelöhnerarbeit bewirkt wird, mit Ausschluß der geistigen Getränke,
3. frische Lebensmittel aller Art.

Gegenstände des Verkaufs auf Wochenmärkten und in Markthallen sind also fast ausschließlich die Erzeugnisse der Garten-, Land- und Forstwirtschaft, die der Nahrungsmittelversorgung des Volkes dienen. Der größte Umsatz von allen Artikeln wird, von einigen vom Gemüsehandel besonders besuchten Plätzen abgesehen, in Fleisch erreicht. Denn das Fleisch ist neben Brot und Kartoffeln oder Hülsenfrüchten noch immer Hauptnahrungsmittel, wenngleich es aus seiner weit überwiegenden Stellung anderen Nahrungsmitteln gegenüber doch schon etwas durch die Gemüse- und Obstnahrung verdrängt wird. Der Grund dafür ist wohl in den unverhältnismäßig hohen Preisen und ihrer Steigerung in den letzten Jahren zu suchen, eine Erscheinung, die im Gemüsehandel nicht wahrzunehmen ist.

Wie sehr aber trotzdem das Fleisch noch die vorherrschende Stellung in der Volksnahrung inne hat, beweist die Tatsache, daß alle Markthallenberichte übereinstimmend feststellen, daß Metzgerstände sehr gesucht seien und in den meisten Fällen der Nachfrage nicht genügten. So berichtet der Verwaltungsbericht der Berliner Markthallen von 1907 von dem Fleischgroßhandel: „Sämtliche Verkaufsstände waren im Abonnement vergeben. Von den vorgemerkten Bewerbern für derartige Stände konnten nur im ganzen fünf berücksichtigt werden, da nur wenige Stände aufgegeben wurden. Die Zahl der Bewerber um Verkaufsstände steigt daher auch immer mehr. Am Schlusse des Geschäftsjahres waren 110 Bewerber (nur für Fleischgroßhandel!) vorgemerkt. Wie schon im Vorjahre, so wurden auch in diesem Jahre eine größere Anzahl der Bewerber auf Abonnementsständen, die von den Standinhabern zeitweise nicht benutzt wurden, gegen Zahlung des tarifmäßigen Tagesstandgeldes untergebracht." Eine genaue Übersicht über die gute und regelmäßige Besetzung der Fleischerstände gibt untenstehende Tabelle II.

Statistisches Material über den Gesamtumsatz an Fleisch zu erlangen, ist nicht möglich, da die Verwaltungsberichte nur die Einfuhr und Ausfuhr durch Bahn angeben und eine Statistik über die Zufuhr durch Achse, auf der das Fleisch fast ausschließlich zugeführt wird, nicht üblich ist.

Dem Fleischverkauf im Umsatz am nächsten kommt der Obst- und Gemüsehandel. Dieser Handelszweig zeigt deutlich, wie sehr der Markt und durch ihn der städtische Konsument auch noch in der Großstadt und vollends erst in einer Mittelstadt von zahlreichen Bedingungen, wie Mißernte einzelner Gegenden, frühem oder spätem Zeitpunkte der Ernte, von wirtschaftspolitischen Beschränkungen im Produktionsgebiete und durch die Willkür der Produzenten selbst und manchmal auch der Großhändler abhängig ist, wenngleich auch ein gut organisierter Großhandel gerade darin seine Aufgabe sehen muß, durch Heranziehung weiterer Quellen ein großes Schwanken der Nahrungsmittelzufuhr und damit der Preise zu verhindern.

Alle Arten Gemüse sind vertreten, von dem in der nächsten Umgebung der Stadt wachsenden Kohl und der Rübe an, die der Produzent selbst zum Verkauf bringt, bis zu den feinsten Gemüsen, die besonders in Afrikas und Italiens sonnenreichen Fluren wachsen und durch Vermittlung des Grossisten oder Kommissionärs auf den Markt kommen.

Bei der Zufuhr namentlich von Obst und Gemüse kann man für jede Markthallenstadt drei Zufuhrzonen unterscheiden:

1. Die nächste ackerbautreibende Umgebung der Stadt. Die Lieferanten sind Landleute und Gärtner, die ihre eigenen Produkte und manchmal auch solche, die sie aus Gefälligkeit für Nachbarn und Freunde mitnehmen, hier auf dem Markt feilhalten.

Die zweite Zone ist Deutschland, das als Produktionsgebiet namentlich für Obst in Frage kommt. Hier tritt schon der Groß- und Kommissionshandel in seine Tätigkeit als Vermittlungsglied zwischen Produzent und Konsument. Der Großhändler schließt meistens mit dem Produzenten Verträge ab, nach denen letzterer sich verpflichtet, zu bestimmten Terminen eine gewisse Mindestmenge einer Ware zu liefern. Hat der Produzent sich durch solche Verträge nicht gebunden, so liefert er seine Waren entweder an einen Kommissionär oder an den allerdings von deutschen Markthallen unseres Wissens erst in Berlin, Leipzig, Cöln und Dresden angestellten städtischen Kaufvermittler, der gegen eine bestimmte Provision auf Kosten und Gefahr des Produzenten die Ware gewöhnlich freihändig verkauft oder versteigert. Letztere Tätigkeit ist in Städten mit städtischen Kaufvermittlern lediglich diesen gestattet.

Eine große Anzahl der Sendungen aus dem weiteren Deutschland geschieht aber auch in der Weise, daß der Grossist für jede einzelne Sendung dem Produzenten oder dem durch den Produzenten versorgten Aufkäufer eine Offerte macht, nach Übereinkunft die Waren übernimmt und für eigene Rechnung an Kleinverkäufer absetzt.

Für einzelne Städte eine genaue Statistik der Ein- und Ausfuhr durch die Eisenbahn an Gemüse, Kartoffeln, Obst und Beeren zu geben, ist nicht möglich, denn eine große Menge der Versandgüter wird auf den einzelnen Bahnhöfen nur umgeladen und kommt überhaupt nicht in den

Marktverkehr, würde aber bei Berechnung des Ein- und Ausfuhrergebnisses je nach der Umladung mehrere Male in Rechnung gezogen werden und so von dem inländischen Frachtverkehr in Obst und Gemüse ein falsches Bild geben.

Dieselbe Schwierigkeit in der Genauigkeit der Statistik ergibt sich auch bei der Zufuhr aus der dritten Zufuhrzone, den außerdeutschen Ländern, von denen manche gerade in diesem Handelsartikel eine große Rolle als Lieferanten spielen. Wenngleich sich auch annähernd aus den Aufzeichnungen der Zollbehörde angeben läßt, wieviel ein- und ausgeführt wird, so versagt hier die Statistik doch auch insofern, als Wagenladungen, bei denen Stückgüter für verschiedene Stationen bestimmt sind, schon an der Grenze verzollt werden und in der Statistik dann bei der Weiterverfrachtung als inländische Güter gelten. Dazu kommt, daß die preußischen Eisenbahnen in ihrer Verkehrsstatistik nur Güter von 500 kg und mehr in Rücksicht ziehen. Immerhin aber ist es trotz der aus obigen Gründen nicht zu umgehenden Ungenauigkeit interessant, den Frachtverkehr an Obst, Beeren, Gemüse und Kartoffeln für eine Stadt festzustellen, wie es Häberlin für Leipzig getan hat nach Aufzeichnungen der Eisenbahnbehörden, die zur Zeit der Beratung über Markthallen in Leipzig gemacht worden sind. (Häberlin Tab. V.)

Nach dieser Tabelle beträgt der Thüringer und Magdeburger Verkehr 1905 für Gemüse, Obst und Beeren an Zufuhr 182 809 Dz. oder 75,9% der Bahnzufuhr, auf den preußischen Bahnhöfen 222 710 Dz. Die Zufuhr von Kartoffeln ist von 59 100 Dz. im Jahre 1899 gestiegen auf 260 960 Dz. im Jahre 1906, also um rund 249%, ein Resultat, das gewiß nicht zum geringsten Teil die Folge der Preiserhöhung sämtlicher Lebensmittel, namentlich des Fleisches, ist. Bedenkt man nun, daß diese Mengen ihren Eingang in die kleinsten Verkehrsäderchen zum Konsumenten zwar nicht ausschließlich, aber doch zum größten Teil über den Großmarkt in der Zentralmarkthalle finden, so begreift man, welch ungeheure Arbeit, welche Präzision, welche Routine und welche Schnelligkeit im Geschäftsleben dazu gehört, solchen Anforderungen in jeder Weise gerecht zu werden.

F i s c h e haben sich bis in die neueste Zeit als V o l k s n a h r u n g in Deutschland noch nicht recht einbürgern können. Die Gründe dafür sind zu suchen in der erst seit verhältnismäßig kurzer Zeit sich zeigenden Entwicklung Deutschlands vom Agrar- zum Industriestaat. Infolgedessen hatte die Bevölkerung zu ihrer Ernährung Fleisch genug, das sie zu verhältnismäßig billigem Preise erlangen konnte. Einmal durch die Jahrhunderte an diese Hauptnahrung gewohnt, konnte sie sich nur schwer an andere, die sie ersetzen sollte, gewöhnen. Erst in allerletzter Zeit, wesentlich gefördert durch die Bemühungen unserer großen Fischereigesellschaften und der Fischkonservenindustrie, wird der Fisch immer mehr als Volksnahrung, namentlich für die Minderbemittelten, anerkannt und bürgert sich jetzt allmählich ein. Nicht zum Geringsten haben dazu auch beigetragen die Bemühungen der Stadtverwaltungen, die in den letzten Teuerungsjahren durch Eigenverkauf oder durch die Fischhändler Seefische zu ermäßigten Preisen an die Konsumenten verkauften. Erleichternd wirkt auf die Versorgung mit Fischen die große Vervollkommnung der Verkehrsmittel ein, die es ermöglicht, daß z. B. in München Fische desselben Fanges zur selben Zeit und oft billiger zum Verkauf kommen als in Bremen.

Gerade in unserer Zeit, da das Fleisch um 15—20 Pfg., d. h. um 20—25% im Preise gestiegen ist, sollte man den Fisch in Anbetracht seines hohen Nährwertes noch mehr bevorzugen. In England hat man das auch längst erkannt. Der Verbrauch an Fischen kommt hier dem an Ochsenfleisch gleich. England wird allerdings durch die in allen Teilen des Landes große Nähe des Meeres begünstigt, das schon von vornherein zu einem größeren Konsum in Fischnahrung veranlaßt, wie die deutschen Nord- und Ostseeküsten beweisen, deren Fischer seit langer Zeit zum großen Teil fast ausschließlich von Fischen leben, was animalische Nahrung betrifft. (Gossner S. 3.)

Voraussetzung für einen reichlichen Fischkonsum ist aber ein billiger Preis, der nur durch angemessene Zufuhren erreicht werden kann. Wie groß diese sind, läßt sich aus unserer Statistik nicht ersehen, da die Hauptmengen in einheimischen Meeren gefangen werden.

§ 13. Verkäufer und Käufer.

1. Die Produzenten.

Als Verkäufer kommen hier nur diejenigen von Fleischwaren, Obst, Gemüse und Kartoffeln, sowie Butter und Käse in Betracht, also meist Landwirte oder Höker, deren Beruf der Anbau obengenannter Waren ist. Neben ihnen muß man aber noch Verkäufer unterscheiden, die nur gelegentlich Waren, die an Menge das Haushaltsbedürfnis überschreiten, zu Markte bringen, wie man das z. B. häufig nach einer reichlichen Obst- oder Gemüseernte beobachten kann. Diese letzteren sind ihrem Beruf nach meist Arbeiter oder in geringerer Zahl Frauen von kleineren Beamten an der Peripherie der Stadt, die die Gartenarbeiten fast ausschließlich in Händen haben. Selbständige Handwerker findet man weniger, weil es hier oft an den nötigen Arbeitskräften fehlt und die Hausfrau nicht so sehr darauf angewiesen ist, auch den kleinsten Nebenverdienst zum täglichen Unterhalt wahrzunehmen. Die Mehrzahl dieser gelegentlichen Produzenten wird es aber vorziehen, ihre Waren entweder Nachbarn mitzugeben, die ständig mit ihren Produkten zu Markte fahren und daher größere Geschäftsgewandtheit haben, oder sie an Aufkäufer zu verkaufen, allerdings unter Verlust eines beträchtlichen Teiles des sonst erworbenen Gewinnes.

An sonstigen Produzenten findet man noch Gärtner, die Gemüse und namentlich Blumen verkaufen. Besonders der Handel mit den letzteren ist in Markthallen sehr einträglich. In sämtlichen Markthallenberichten kann man ein Florieren des Blumenhandels feststellen; wir verweisen da namentlich auf Markthalle II in Berlin, der schon jetzt eine Blumenhalle angegliedert ist. Nach den Verwaltungs-Berichten waren hier vornotiert:

1905	166 Bewerber,
1906	190 „
1907	232 „

sodaß die Stadtverwaltung jetzt gezwungen ist, den Blumenmarkt bedeutend zu erweitern.

Irgendwelche Angaben über die Menge der von Produzenten verkauften Waren für irgendeine Stadt lassen sich wegen der für die Statistik sehr schwierigen Materie nicht angeben. Interessant ist aber ein Vergleich des Marktbesuches zwischen Produzenten, Gewerbetreibenden und Händlern, wie er sich aus Landsbergs Aufstellung von dem Wochenmarkt in Elberfeld berechnen läßt. (Tabelle III.)

2. Die ständigen Standinhaber in Bezirksmarkthallen.

In der Unterverteilung kommen die ständigen Standinhaber in den Bezirksmarkthallen den Produzenten am nächsten. Es sind vorwiegend Frauen, die mit Ausnahme der Mittagsstunden, in denen die Markthallen gewöhnlich geschlossen sind, den ganzen Tag von morgens bis abends dort ihre Waren verkaufen. Wie auch auf dem Wochenmarkt, von dem sie meistens nach der Aufhebung der offenen Märkte zu den Markthallen übergegangen sind, gilt ihre Tätigkeit zum Teil der Unterstützung des Verdienstes des Mannes, jedoch längst nicht mehr in dem Maße, wie auf dem Wochenmarkt. Viele unter ihnen sind allein auf den Verdienst in der Markthalle angewiesen. Gewöhnlich hilft der Mann ihnen nur die vom Großhändler gekauften Waren in ihre Stände transportieren und geht dann seiner Arbeit nach. Manchmal jedoch versorgen sich diese Standinhaber auch selbst, indem der Mann tagsüber mit einem Wagen auf den Dörfern herumfährt, um landwirtschaftliche Produkte einzukaufen. Auf diese Weise ist es ihnen oft möglich, weil sie den Großhandel ausscheiden, zu niedrigerem Preise zu verkaufen. Selbstverständlich lohnt sich dieses Aufkaufen nur bei größerem Umsatz.

Ein weiterer Teil dieser Standinhaber sind nur Angestellte, die entweder für Ladeninhaber in der Stadt oder für Grossisten in den Markthallen direkt an die Konsumenten verkaufen. Die Ladeninhaber haben dabei den Vorteil, ihre Waren des größeren Bedarfs wegen billiger einkaufen und in zwei Geschäften schneller verkaufen zu können. Gerade der letztere Umstand spricht bei der leichten Verderblichkeit der meisten hier in Betracht kommenden Verkaufsgegenstände sehr mit, ist doch bei der Preisbildung der Verlust durch Verderbnis ein Hauptbestimmungsfaktor. Die Grossisten können zu billigerem Preise liefern, weil sie den Zwischenhandel ausscheiden, und gebrauchen die Detailgeschäfte zugleich zum Absatz von Waren, die sie in den Auktionen nur zu äußerst niedrigen Preisen hätten verkaufen können.

Durchweg gehen diese Kleinverkäufer aus den unteren Klassen der Bevölkerung hervor. Das Äußere, die Kleidung und ihre Ausdrucksweise zeigen das zur Genüge. Überhaupt könnten hier Verbesserungen nichts schaden; denn sowohl in der Bedienung der Käufer, als ihrem Äußeren nach unterscheiden sie sich in sehr unvorteilhafter Weise von der Bedienung in den Läden. Am meisten fällt das bei Fleischerständen auf, die in den Markthallen meistens eben alles vermissen lassen, was den Fleischerläden in der Stadt oft ein so reinliches Aussehen gibt. Kein Wunder daher, daß Leute, die nicht zu sehr mit Pfennigen zu rechnen brauchen, ihre Einkäufe nicht in Markthallen besorgen.

Zu dem wenig reinlichen Äußern kommt nämlich auch noch die Art des Verkaufens. Es fehlt den Verkäufern an kaufmännischer Tradition, weil man mit gutem Gewissen wohl behaupten darf, daß keiner der Inhaber von Kleinverkaufsständen oder nur ein äußerst geringer Bruchteil eine kaufmännische Lehre durchgemacht hat. In naiver Weise richten sie ihre Preise oft nach dem äußeren Aussehen der Käufer ein, ohne zu bedenken, daß es diesen leicht möglich ist, sich über die Preise in den Läden der Stadt zu orientieren. Abhandeln und Feilschen ist dann gewöhnlich die Folge davon. Alles dieses sind Auswüchse, die der Wochenmarkt, dessen Verkäufer größtenteils nicht Kaufleute waren, mit sich gebracht hat. In Markthallen, deren Verkäufer den schweren Konkurrenzkampf mit den Läden der Stadt zu führen haben, sollten diese Mißstände aber endlich aufhören.

3. Die Aufkaufhändler.

Eine Mittelstellung zwischen Grossisten und Detaillisten nimmt der Aufkaufhandel ein, der durch seine Sammeltätigkeit zu einem wichtigen Handelsgliede für Markthallen wird. Es ist der Handel, gegen den von Konsumenten, Händlern und Stadtverwaltungen durch das ganze Mittelalter bis in die Mitte des 19. Jahrhunderts und teilweise bis heute sogar gekämpft wird. Im Mittelalter war es der Für- oder Vorkauf, dem man allein die hohen Preise zur Last schrieb. Vielleicht damals, wo ein direkter Verkehr zwischen Konsument und Produzent noch überall möglich war, nicht ganz mit Unrecht. Natürlich war aber auch damals der Fürkauf nicht allein Schuld daran. In unseren Tagen ist es unmöglich, dem Aufkaufhandel seine große Bedeutung für den Nahrungsmittelverkehr abzusprechen; denn bei den ungeheuren Mengen, die an Nahrungsmitteln umgesetzt werden, ist ein unmittelbarer Verkehr zwischen Produzent und Konsument in Großstädten nur in äußerst geringem Umfange möglich. Hier muß für die Zufuhr der Aufkaufhandel als Bindeglied eintreten, wie die Kleinverkäufer für die Unterverteilung. In Großstädten ist der Aufkaufhandel also direkt eine Notwendigkeit; denn seine Tätigkeit besteht doch allein darin, der Stadt Lebensmittelquellen zu erschließen, die früher ihre Produkte anderen näher gelegenen Orten zuführten oder, wenn sie nicht in der Nachbarschaft lagen, nur bei Vorhandensein größerer Mengen sie dem Markte zufließen ließen. Durch den Aufkaufhandel wird es also ermöglicht, daß die Zufuhren für die Großstadt ergiebiger werden und der Produzent auch alle Produkte nutzbringend verwerten kann. Wie oft kann man es z. B. sehen, wie Fallobst in Gegenden, die von Aufkäufern nicht aufgesucht werden, unter den Bäumen verfault oder den Schweinen zum Futter vorgeworfen wird. Mit dem regelmäßigen Besuch des Aufkäufers hört das auf.

Allerdings müssen die Produzenten auf einen Teil des Gewinnes verzichten, den sie als Verkäufer an Konsumenten selbst erlangt haben würden. Bedenkt man aber, welche Aufwendungen an Zeit, Kraft und Geld nötig sind — denn die Reise nach der Stadt verlockt immer zu Ausgaben, die manchmal gar nicht im angemessenen Verhältnis stehen zu den oft sehr kleinen Quantitäten, die von dem einzelnen zu Markt gebracht werden —, so muß man einsehen, daß der Aufkäufer den Produzenten meistens auch dann noch nützt, wenn er bedeutend niedrigere Preise bezahlt, als sie am Marktorte erhalten haben würden. Den gar nicht geringen Verdienst des Aufkäufers könnten sich die Produzenten allerdings selbst dadurch sichern, daß sie gegenseitig wechselnd die Waren untereinander mit zum Markt nehmen. Dies geschieht auch, jedoch fast nur unter befreundeten oder eng benachbarten Landleuten. Aus diesem Brauch ist eben der eine Zweig des Aufkaufhandels entstanden, den wir den ländlichen Aufkaufhandel nennen möchten und der überall auch für die Mehrzahl der mittleren Städte nur zu empfehlen ist.

Der andere Zweig dieser Händler sind die städtischen Aufkaufhändler, die jedoch weniger auf den Dörfern herumfahren und die Waren zusammenkaufen, als vielmehr den Landleuten, die ihre Produkte schon zur Stadt gebracht haben, sie auf dem Markte abkaufen, also neue Zufuhrquellen der Stadt nicht verschaffen. Für diese scheint uns der Vorwurf der Preisverteuerung angebracht; denn meistens verkaufen die Landleute an sie aus Bequemlichkeit, um nicht so lange warten zu müssen, oder aus Furcht, ihre Ware nicht absetzen zu können, zu bedeutend geringerem Preise. Die erworbenen Waren werden dann von den Aufkäufern nach kleineren Industrieorten gebracht und hier zu teuren Preisen wieder verkauft. Als Nutzen kann man freilich diesen Händlern nachrühmen, daß sie für den Fall des Überangebots im Marktort in anderen Gebieten Absatz für ihre Waren suchen, was jedoch dem Schaden gegenüber, den sie anrichten, nicht ins Gewicht fällt. Sie waren es deshalb auch hauptsächlich, gegen die die Anfeindungen der Konsumenten, der Stadtverwaltungen und der Produzenten gerichtet waren, die der letzteren auch besonders deshalb, weil sie oft mit brutaler Gewalt vor den Toren der Stadt dem zu Markt fahrenden Landmann die Waren zu geringem Preise zu nehmen trachteten, sodaß es ihm oft erst nach einem Kampf mit den Aufkäufern möglich war, mit seinen Waren zum Markte zu gelangen.

Alles in allem betrachtet, können wir unser Urteil über die vielgeschmähten Aufkäufer dahin zusammenfassen, daß die ländlichen Aufkäufer doch für die Großstadt von großem Nutzen sind; jedoch fällt ihre Bedeutung für die

Klein- und oft auch für die Mittelstadt weg, sofern die ländliche Umgebung derselben dem Nahrungsmittelbedürfnis der Stadt genügt. Hier ist wegen der verhältnismäßig geringen Entfernung und der Verbrauchsmengen im direkten Verkehr zwischen Produzent und Konsument eine Befriedigung des Nahrungsmittelbedürfnisses zu ermöglichen. Jedes Zwischenglied wirkt hier also ohne wesentlichen Nutzen nur preisverteuernd.

4. Die Großhändler.

Für den Lebensmittelverkehr in Markthallen ist der Großhandel von weit überwiegender Bedeutung gegenüber dem Kleinhandel; denn durch die oft sehr spekulativen Geschäfte der Großhändler haben die Markthallen erst zu solcher Bedeutung gelangen können, wie sie sie jetzt für die Versorgung namentlich von Großstädten mit Nahrungsmitteln haben. Denn der Hauptzweck der Markthallen, billige und gute Lebensmittel in genügender Menge auf den Markt zu bringen, wird erst durch den Großhandel möglich.

Sein Produktionsgebiet für Großstädte ist die ganze Welt. Aus europäischen Ländern bezieht er alle Art von Waren: Wild, Gemüse, Fische, Käse, Butter, Eier etc. Afrika liefert ihm Gemüse, Amerika Obst und Lachs, Australien Äpfel und Südfrüchte, und Asien ist Lieferant aller Arten von Lebensmitteln, die von der tropischen Zone bis zu den südlichen Grenzen der Eisfelder Sibiriens gedeihen.

Alle diese Mengen von Lebensmitteln werden in den Verkehr gebracht entweder durch direkten Ankauf und Verkauf für eigene Rechnung, wie die Grossisten den Handel betreiben, oder nur durch Übermittlung von Aufträgen ohne eigenes Risiko, entweder in Form des Agenturhandels auf Gefahr anderer Grossisten, oder in Form des Kommissionshandels auf Kosten der Produzenten selbst.

Die Abnehmer der Grossisten sind fast ausschließlich Wiederverkäufer: Standinhaber in Bezirksmarkthallen, Ladeninhaber, Einkäufer für Warenhäuser und Gastwirtschaften, für Konsum- und Einkaufsvereine etc.

Wegen der ungeheuren Arbeitsleistung, die der Großhandel zu verrichten hat, und wegen der leichten Verderblichkeit seiner Handelsgegenstände müssen die Waren in großen Posten abgesetzt werden. Dies geschieht bei Fleisch, Fischen, Wild, Geflügel, Gemüse und Obst meistens durch Auktionen. Eier, Butter, Käse und Kartoffeln werden jedoch durch freihändigen Verkauf abgesetzt.

Die spekulative Eigenart des Großhandels, die gewaltigen Umsätze und die oft sehr großen Unkosten bedingen natürlich ein verhältnismäßig großes Geschäftskapital. Umso verwunderlicher ist es, daß die Mehrzahl der Großhändler, namentlich derjenigen in Gemüse, sich in wenigen Jahren von sehr kleinen Anfängen zu solcher Höhe heraufgearbeitet hat, daß Umsätze von 150000 M. und oft weit mehr durchaus keine Seltenheit sind. Häberlin (S. 50) berichtet von einem Großhändler in Gemüse und Obst in Leipzig, der mit seiner Frau zusammen mit sehr geringem Geschäftskapital angefangen hatte und jetzt einen Umsatz von 180 000 Mk. erzielt mit einem Reingewinn von ca. 8000 Mk. Geschäftliche Tüchtigkeit, kaufmännische Intelligenz und das Erfassen des rechten Augenblickes tragen namentlich mit dem Aufblühen der Industrie den Großhandel zu solcher Blüte empor. Eben weil die Grossisten größtenteils von sehr kleinen Anfängen ausgegangen sind, findet man es häufig, daß auch die Ehefrauen und andere Familienmitglieder einen großen Teil der Arbeit im Geschäfte bewältigen; ja man hat sogar Beispiele, in denen die Frau fast ausschließlich das Geschäft führt, während der Mann eine nur untergeordnete Rolle als „Aufsichtsbeamter" etc. spielt. In den meisten Fällen wird das dort sein, wo die Frau in den ersten Anfängen ein Gemüsegeschäft selbständig geführt und mit dem Geschäft dann „groß geworden" ist. Über den Jahresumsatz und den Verdienst finden wir sehr interessante Angaben bei Häberlin (Tabelle VIII), die wir auf der folgenden Seite wiedergeben.

Können diese Zahlen auch keinen Anspruch auf unbedingte Zuverlässigkeit machen, da sie nicht buchmäßig bewiesen sind, so kann man sie als Bezeichnung der Mindestquantitäten doch gelten lassen. Der wirkliche Verdienst wird höchstwahrscheinlich viel höher gewesen sein. Immerhin beträgt er auch hier durchschnittlich 3,37% des gesamten

Objekt	Jahres-Umsatz	Bruttogewinn Mk.	Bruttogewinn % v. Umsatz	Handlungsunkosten Mk.	Handlungsunkosten % v. Ums.	Handlungsunkosten Standmiete	Reingewinn Mk.	Reingewinn % v. Ums.
1	325 000	22 000	6.77	13 000	4.—	1 500	9 000	2.77
2	290 000	19 500	6.41	13 000	4.48	1 500	6 500	2.24
3	260 000	19 000	7.31	13 500	5.19	1 500	5 500	2.12
4	180 000	15 000	8.33	7 000	3.88	1 500	8 000	4.45
5	90 000	9 000	10.—	4 800	5.33	1 500	4 200	4.67
6	90 000	7 800	8.66	4 800	5.33	1 500	3 000	3.33
7	65 000	6 400	9.84	3 800	5.94	1 500	2 600	4.—

jährlichen Verkaufs, ein Gewinnprozentsatz, der hoch genannt werden muß, wenn man bedenkt, daß infolge des häufigen Umsatzes nur $^1/_8$ bis $^1/_{10}$ des gesamten Warenverkaufs als Kapital nötig ist.

5. Die Agenten und Kommissionäre.

Das erforderliche verhältnismäßig große Geschäftskapital einerseits und andererseits das große Risiko der Grossisten hat es bewirkt, daß sich augenblicklich auf unserem Lebensmittelgroßmarkt eine Tendenz geltend macht, die diese Nachteile eben zu vermeiden sucht. Die bisherigen Grossisten oder die neu hinzukommenden Kaufleute verschaffen sich Agenturen für verschiedene Geschäfte, wechseln je nach der Konjunktur und Jahreszeit — bei Frost z. B. ist ein Gemüsehandel überhaupt nicht möglich — mit verschiedenen Artikeln und suchen dadurch, daß sie Wiederverkäufern Offerten machen, Aufträge für das von ihnen vertretene Haus zu erlangen. Um die weitere Ausführung des Auftrages kümmern sie sich nicht, haben zur Ausübung ihres Berufes weder große Kapitalien nötig, noch laufen sie Gefahr, daß ihnen bei Überangebot ihre Ware verdirbt. Das Risiko trägt hier allein der Grossist.

Für seine Arbeit berechnet der Agent eine Entschädigung von 1—3% seines Umsatzes, also eine ziemlich hohe Vergütung, verglichen mit dem oben gefunden Gewinn von 3,37% des Grossisten. Allerdings muß der Agent von der erhaltenen Summe auch noch alle Unkosten bestreiten, die aber wesentlich geringer sind als die des Grossisten.

Ähnlich dem Agenturhandel wirkt der Kommissionshandel, nur mit dem Unterschiede, daß er das Risiko auf den Produzenten abzuwälzen sucht. Dieser macht dem Kommissionär ein Angebot über die vorhandenen Waren, und gegen eine Entschädigung, die im allgemeinen der des Agenten entspricht, bisweilen aber auch beträchtlich höher ist, verkauft er die Ware, jedoch fast ausschließlich an Grossisten, zieht den ihm zukommenden Betrag ab und sendet dem Produzenten den verbleibenden Erlös.

6. Die städtischen Kaufvermittler.

Aus dem Bestreben der Stadtverwaltung heraus, die Konsumenten möglichst regelmäßig mit billigen Lebensmitteln zu versorgen, entstand die Einrichtung der städtischen Kaufvermittler. Diese wurden zuerst in Paris, dann in London und mit Eröffnung der Hauptmarkthallen in Berlin eingeführt. Bis dahin sandte der Produzent seine Ware an den Kommissionär, und da es amtliche Preisveröffentlichungen damals noch nicht gab, lag es ganz in dem Belieben des Kommissionärs, eine hohe oder weniger hohe Vergütung zu berechnen, sodaß schließlich der Gewinn des Produzenten nach Abzug der Spesen, der Transportkosten und der Provision oft nur gering war *). Hatten ferner die Grossisten Lieferungsverträge zu festen Preisen mit den Produzenten gemacht, so suchten sie, um sich vor Schaden zu bewahren, ein Herabgehen der Preise zu verhindern, wiesen zu dem Zwecke oft große Angebote von Lebensmitteln als unannehmbar zurück und überlieferten sie dadurch der Verderbnis. Diesen Übelständen sollte durch die Einrichtung der städtischen Kaufvermittlung Abbruch getan werden. Die städtischen Kaufvermittler nahmen hinfort jedes Angebot an und suchten es zu möglichst hohen Preisen zu versteigern. Durch ihre amtlichen Preisveröffentlichungen schufen sie ferner den Produzenten Gelegenheit, sich über die Preise zu orientieren und dar-

*) Ein ganz ähnlicher Vorgang also, wie man ihn noch heute manchmal an der Produktenbörse beobachten kann, wo er unter dem Namen „Schnittchen schlagen" bei den Verkäufern verpönt ist.

nach zu bestimmen, ob ein Versenden der Ware nach der entfernter gelegenen Markthalle die Kosten lohne. Ohne jede Geschäftskenntnis konnte jetzt auch jeder Produzent seine Waren ohne vorherige Anfrage dem städtischen Kaufvermittler senden, dem er wegen seiner amtlichen Beglaubigung das Vertrauen entgegenbringen konnte, daß er nach bestem Willen und Gewissen die Ware zu möglichst hohem Preise verkaufte.

Der städtische Kaufvermittler war also dem Großhandel, wie er bis dahin gepflogen wurde, ein gefährlicher Konkurrent. Kein Wunder daher, daß die Grossisten seine heftigsten Gegner waren. Mit allen Mitteln suchten sie sein Gedeihen zu hintertreiben. Sie zwangen die Kleinhändler durch die Drohung, ihnen den Kredit zu entziehen, den Einkauf beim städtischen Kaufvermittler zu unterlassen. Sogar falsche Denunziationen waren ihnen recht. Ja sie scheuten sich nicht, Warensendungen an den Kaufvermittler zu adressieren, unter die sie verdorbene Waren gemischt hatten, und bewirkten dann eine Untersuchung der Nahrungsmittel durch die Polizei (Sandmanns Berliner Markthallenbericht 1886). Trotz all dieser Anfeindungen konnte sich die städtische Kaufvermittlung auf ihrer Position halten, wenngleich sie einen verzweifelten Kampf um ihre Existenz zu kämpfen hatte. Da sie sich später als viel weniger gefährlicher Gegner erwies, als man erwartet hatte, schlossen die Grossisten mit den städtischen Verkaufsvermittlern einen Vertrag, nach dem es den letzteren auch zusteht, außer den ihnen übertragenen Auktionen freihändige Verkäufe auszuführen, jedoch nur für größere Warenmengen. Zugleich mit dem Großhandel erweiterte sich jetzt daß Geschäft der Kaufvermittler von Jahr zu Jahr. Durch den Existenskampf ist mit der Zeit ihre Zahl in Berlin jedoch von 15 auf 6 gesunken. Außer in Berlin gibt es noch je einen städtischen Kaufvermittler in Leipzig, Dresden, Köln, Breslau und München. In Leipzig wurden bei der Eröffnung der Markthallen zwei Vermittler eingesetzt, von denen der eine jedoch wegen Konkurs ausscheiden mußte. Eine zu große Zahl der Kaufvermittler, wie sie anfänglich in Berlin bestand, hat sich überhaupt nicht bewährt; denn die Grossisten haben ihnen gegenüber zwei privatwirtschaftliche Vorteile, die zum Gedeihen des Großhandels wesentlich beitragen: Sie geben den Wiederverkäufern Kredit und bringen manchmal auch minderwertige Ware in den Handel, die dem städtischen Kaufvermittler anzunehmen verboten ist.

Die städtischen Kaufvermittler sind Kaufleute, die laut Bestimmung eine Mittelstellung zwischen Beamten und Kaufleuten einnehmen. Ihre Provision ist in den einzelnen Markthallenstädten und bei jedem einzelnen Verkauf wieder je nach Warengattung, der Quantität und der Qualität verschieden. Sie beläuft sich auf 5 bis 10% *).

Die hauptsächlichsten Verpflichtungen des städtischen Kaufvermittlers sind folgende:

Er stellt der Stadt eine Kaution, die verschieden ist und sich auf 10—20 000 Mk. beläuft, damit die Stadt ihre eigenen Ansprüche aus Miete, Lagergeld etc. decken kann und zugleich auch diejenigen Dritter, wenn sie selbst befriedigt ist.

„Er hat kaufmännische Bücher zu führen und auf Verlangen darüber der Markthallendirektion Auskunft zu geben.

Die an ihn zum Verkauf eingehenden Waren hat er sofort in Empfang zu nehmen, sie auf ihre Qualität zu prüfen und dem Einsender sofort vom Eingang und Befund der Ware Nachricht zu geben. Darauf ist der Verkauf schleunigst zu bewirken und mit dem Einsender abzurechnen. In seinen Verkaufsräumen darf er keinen Kleinhandel betreiben.

Das Maximum der Provisionssätze muß er der Markthallenverwaltung mitteilen und darf keine weiteren Gebühren erheben.

Die peinlichste Sauberkeit muß in den Geschäftsräumen herrschen.

Die erzielten Preise sind der Verwaltung zwecks Aufstellung des amtlichen Marktberichtes gewissenhaft mitzuteilen.

*) Schon aus diesem Gewinnprozentsatz geht hervor, daß der Verdienst der Grossisten von 3,37 % des Umsatzes wesentlich zu niedrig angegeben zu sein scheint. Denn es läge sonst doch kein Grund vor, die Ware nicht dem Grossisten, sondern dem städtischen Kaufvermittler zu senden.

Zur Zeit darf nur eine Auktion in jedem Lokale stattfinden, und die Eröffnung ist rechtzeitig bekannt zu geben.

Er muß ferner ein Buch führen, aus dem zu ersehen sind Name und Wohnort des Eigentümers der versteigerten Ware, Tag ihres Eingangs, Gattung und Menge der Posten, Stunde der Versteigerung, der erzielte Preis und Name und Wohnung des jedesmaligen Käufers. Dem Meistbietenden ist sofort eine Notiz zu übergeben, die den Namen des Verkaufsvermittlers, das Datum, die Nummer des Postens, die Bezeichnung der Ware nach Art und Menge und den Preis enthält. Die Abnahme der Ware hat mit Ausnahme der Fische, die sofort in Empfang zu nehmen sind, innerhalb zwei Stunden nach beendeter Versteigerung zu geschehen. Hat der Vermittler die Überzeugung gewonnen, daß Kauflustige Verabredungen getroffen haben, um Mehrgebote zu verhindern, so hat er die Auktion abzubrechen.

Endlich muß er für Ruhe und Ordnung im Auktionslokal sorgen." (Bedingungen für die Zulassung der städtischen Kaufvermittler für den Engroshandel in der städtischen Zentralmarkthalle I zu Berlin.)

7. Die Konsumenten.

In den Bezirksmarkthallen namentlich ist den Konsumenten Gelegenheit geboten, die für den Haushalt nötigen Waren in guter Qualität und zu billigerem Preise einzukaufen; denn die Waren sind gewöhnlich erst in der vorausgegangenen Nacht beim Großhändler angekommen und werden früh morgens von 4 bezw. 5 Uhr ab an die Standinhaber verkauft. Trotzdem werden die Vorteile, die der Verkauf in Markthallen bietet, von den Konsumenten wenig wahrgenommen, wie man denn überhaupt eine wesentliche Bevorzugung der offenen Wochenmärkte gegenüber den Markthallen seitens der Verkäufer und Käufer feststellen kann.

An Käufern finden sich in Bezirksmarkthallen fast nur Leute der unteren Stände ein, die durch ihr kärgliches Gehalt gezwungen sind, mit jedem kleinsten Vorteil, den ein billigerer Einkauf in Markthallen ihnen gewährt, genau zu rechnen. Man hat auch die Beobachtung gemacht, daß das Kontingent der Käufer in Bezirksmarkthallen sich aus immer niedrigeren Klassen in den letzten Jahren rekrutiert hat, während die höheren Klassen der Bevölkerung mehr und mehr weggeblieben sind. Der Grund dafür ist in erster Linie darin zu suchen, daß die Markthallen und ihre Verkäufer dem Wettbewerb, den die städtischen Ladengeschäfte an Ausstattung, Bedienung und Aufmachung der Ware entwickeln, nicht Stand zu halten vermögen. Diese haben sich der Neuzeit entsprechend entwickelt, während jene auf demselben Standpunkt wie vor 30 Jahren stehen. Nur vereinzelt findet man einmal eine Hausfrau besseren Standes, die in der Hoffnung, hier besonders frische Ware zu bekommen und namentlich durch Abhandeln einige Pfennige zu verdienen, den längeren Weg zur Markthalle gemacht hat. Es ist erstaunlich, bis zu welcher Geschicklichkeit manche Hausfrauen es im „Abhandeln" gebracht haben, und heimliche Freude bereitet es manchmal dem Zuschauer, zu sehen, mit welch triumphierendem Gesicht die Hausfrau den Schauplatz ihres Wirkens verläßt, wenn sie oft auch nur einige Pfennige abgehandelt hat, die durch die vergeudete Zeit und den Weg reichlich aufgewogen sind. Es scheint manchmal fast, als ob es sich bei dieser Diskussion zwischen Verkäuferin und Käuferin nicht so sehr um die Ersparnis, als vielmehr um den kleinen Wortkampf handelt. Das Verkaufsgeschäft wird dadurch aber wesentlich verlangsamt.

Interessant ist es auch, im Besuch des Marktes durch die Konsumenten den konservativen Charakter des Marktes festzustellen. Markttage, an denen früher Wochenmarkt abgehalten wurde, pflanzen sich als Hauptmarkttage in der Markthalle fort. Käufer und Verkäufer erscheinen an diesem Tage in wesentlich größerer Zahl. Das Ganze scheint das Ergebnis eines Vorganges zu sein, an dem Käufer und Verkäufer beteiligt sind. Die intellektuelle und physische Trägheit veranlaßt viele Individuen beider Parteien, den Markt immer noch an den gewohnten Tagen aufzusuchen.

8. Die Ladenhändler.

Für die Unterverteilung der in den Markthallen gesammelten Vorräte sind die Ladengeschäfte von derselben Bedeutung, wie die Haupt- und Zentralmarkthallen für die Zufuhr. Sie übernehmen gleichsam die zweite Funktion des Wochenmarktes, der die Zufuhr und die Unterverteilung in sich vereinigt. In ihrer ganzen Eigenart sind sie eben die notwendige Ergänzung der Markthallen für den Großhandel. Durch ihre Verteilung über die ganze Stadt, durch den meist täglichen Einkauf von frischen Waren in der Markthalle bei gleichzeitig wenig erhöhten Preisen gegenüber den Markthallenpreisen sind sie den Standinhabern der Bezirksmarkthallen die gefährlichste Konkurrenz, der zu widerstehen auf die Dauer jene nicht imstande sein werden. Das zeigen am besten die Schließung der Hallen III, XII und XIII in Berlin und im übrigen die Erfahrungen der meisten Städte.

Demgegenüber vermehren sich die Gemüsegeschäfte bedeutend und gedeihen selbst in nächster Nähe der Markthallen, die ihnen dem ursprünglichen Plane nach doch eine schwere Konkurrenz sein sollten. Das Gegenteil hat sich gezeigt. Durch die Markthallen ist bewirkt worden, daß diese Art Geschäfte sich zu der heutigen Bedeutung entwickelt hat: denn als mit der Eröffnung der Markthallen die Wochenmärkte aufgehoben wurden, wurde dadurch die Zahl der Verkaufsstellen für frische Lebensmittel vermindert. Publikum und Händler konnten sich schwer an die Markthallen gewöhnen und mußten von ihrer Wohnung jetzt teilweise weite Wege bis zur Markthalle zurücklegen. Was war da natürlicher, als daß spekulative Köpfe eben an dem Platze, an dem früher der Wochenmarkt abgehalten wurde, sich einen Laden, gewöhnlich der besseren Aufbewahrung und der niedrigen Miete wegen, im Keller einrichteten. So entstand eine ganze Anzahl von den jetzt wenig zum Kauf reizenden schmutzigen Kellergeschäften, in denen Höker, keine Kaufleute, ihr Geschäft betreiben, nach alter Art wie auf dem Wochenmarkt.

Seitdem sind die Frucht- und Gemüsegeschäfte in aufsteigender Bewegung begriffen an Zahl und, wo eine einigermaßen gute finanzielle Basis war, auch an Verdienst. Die dunklen Keller verschwinden mehr und mehr. Aber die moderne Entwicklung hat auch ein zweites gebracht: Gereizt durch den verhältnismäßig hohen Verdienst und durch die immerhin bequeme Arbeit „ließen sich Personen als Geschäftsinhaber nieder, die für den kaufmännischen Beruf durchaus nicht vorgebildet waren. Personen ohne geringste Erfahrung, ohne jegliche Mittel, oft nicht mit der nötigen Arbeitslust, wohl aber mit einer gewissen Frivolität; Personen, die als gescheiterte Existenzen zu betrachten sind" (Biermer).

Unter diesen Elementen, die den wenig gebildeten Markthändlern noch dadurch nachstehen, daß sie ohne jede Erfahrung sind, hat gerade der Gemüsehandel sehr zu leiden. Er könnte sich zu viel höherer Blüte aufschwingen, wenn wirklich kaufmännische Intelligenz in diesem Handelszweig waltete, und umsomehr sind solche Leute notwendig, als in letzter Zeit gerade die Grossisten durch zahlreiche Filialen ihren Verdienst zu erhöhen suchen, ohne doch dem Publikum die Vergünstigung niedrigerer Preise, die ihnen doch bei dem Masseneinkauf und den geringeren Unkosten möglich sind, zuteil werden zu lassen. Hat diese Bestrebung das Gute, daß weniger tüchtige und kapitalkräftige Elemente dadurch vertrieben werden, so haben andere, jetzt noch gut fundierte Geschäfte doch schwer darunter zu leiden. Am deutlichsten zeigt sich dieses im Fischhandel, in dem außer den Krämern, die nur zeitweise neben Kolonialwaren frische Fische verkaufen, in einem großen Teil Deutschlands eine unsrer größten Seefischgesellschaften fast den ganzen Fischkleinhandel an sich gerissen hat und zwar durch die Politik, daß sie anfangs durch ihre Preise die selbständigen Ladeninhaber unterbietet, nach deren Vertreibung jedoch die Preise wieder erhöht. Ein wenig anzuerkennendes Geschäftsverfahren; denn, mag man sonst über Filialbetriebe der Grossisten denken wie man will, so ist eine Vernichtung vieler selbständiger Existenzen nur aus Ich-Politik doch nie zu billigen.

Ihre Waren beziehen die Kleinhändler entweder aus den Auktionen der Markthalle oder von den Großhändlern.

Die größeren Kleinhändler werden die Auktionen beim Einkauf stets bevorzugen, während die Grossisten mehr Lieferanten für kleinere Geschäfte sind. Die kleinen Händler haben in Läden, für die sie oft außerordentlich hohe Mieten bezahlen müssen, nicht Raum genug, um bei billigem Einkauf ein größeres Quantum lagern zu können. Auch ihr verhältnismäßig kleiner Kundenkreis und ihre finanziellen Verhältnisse gestatten ihnen das nicht. Dazu kommt auch noch, daß Mann und Frau sich so in die Arbeit teilen, daß der Mann den Transport der Waren von der Markthalle in das Geschäftslokal übernimmt, während die Frau dem Laden vorsteht. Die übrige Zeit am Tage geht der Mann entweder zur Arbeit oder er sucht einen Teil der gekauften Waren und sehr oft auch namentlich die Restbestände von den letzten Tagen im Straßenhandel zu verkaufen. Da die Kunden, die in ihren Wohnungen auf ihn warten, um das Gemüse für den Mittagstisch zu kaufen, sich nicht bis 10 oder 11 Uhr gedulden können, wenn das Mittagessen zur rechten Zeit fertig sein soll, hat er wiederum keine Zeit, in den Auktionen so lange zu warten, bis ein Posten von Waren, der nach Menge, Beschaffenheit und Preis seinen Bedürfnissen entspricht, ausgeboten wird. In Zeiten der Knappheit wäre es ihm auch bei seiner geringen Kaufkraft unmöglich, in den Auktionen überhaupt etwas zu erstehen. Für alle diejenigen, für die die Verhältnisse so liegen, kommen nur die Grossisten als Lieferanten in Betracht. Denn durch Verträge und durch die oft langjährigen geschäftlichen Verbindungen ist ihnen ja die Möglichkeit gegeben, auch kleinere Posten Waren, wenn auch zu etwas erhöhtem Preise, zu jeder Zeit zu bekommen und so, wenn auch in geringen Quantitäten, ihren Kunden die gewünschte Auswahl bieten zu können.

Außer aus diesen Gründen werden die kleineren Ladeninhaber aber namentlich zu den Grossisten getrieben durch die Möglichkeit, Kredit zu bekommen. Denn bedenkt man bei der schnellen Entwicklung der Zahl der Geschäfte, daß man es bei der Mehrzahl mit kleinen Leuten zu tun hat, denen es nur mit großen Schwierigkeiten möglich ist, bei anderen für ihre Geschäftszwecke Geld zu borgen, so kann man wohl verstehen, zu welch bedeutsamem Umstand hier die Gelegenheit für sie wird, bei den Grossisten Waren auf Kredit zu erwerben. Für eventuelle Verluste entschädigen sich die Grossisten durch einen entsprechenden Aufschlag, der dem großen Vorteil gegenüber nicht ins Gewicht fällt. Außerdem verlangt jeder Grossist von diesen Kunden, daß sie auch möglichst alle Waren nur bei ihm kaufen.

Wie oben schon erwähnt, läßt der Stand der Verkäufer von frischen Nahrungsmitteln an kaufmännischer Bildung in den meisten Fällen sehr zu wünschen übrig. Die überwiegende Zahl der Verkäufer bilden Frauen, die in diesem Geschäftszweige, namentlich im Gemüsehandel, entschieden besseren Gewinn erzielen, als Männer. Sie können eben, weil sie die Kochkunst kennen, Ratschläge geben, wie die Hausfrau es eventuell einzurichten hat, um bei unvorhergesehenen hohen Preisen oder gänzlichem Mangel an der gewünschten Ware den Verhältnissen gerecht zu werden, oder wie sie durch ein besonderes Küchenrezept eine äußerst schmackhafte Speise herrichten kann. Entschieden spricht hier auch noch die größere Geschäftsgewandtheit der Frauen im Verkauf mit und das Vertrauen, das in manchen Handelszweigen die weibliche Kundschaft den Verkäuferinnen immer mehr entgegenzubringen pflegt, als den Verkäufern.

Eben wegen der meistens weiblichen Bedienung fehlt es in vielen Geschäften aber auch an der nötigen Organisation und Übersicht. Ohne Ordnung stehen da manchmal Körbe und Kisten durcheinander, und die Reinlichkeit läßt häufig auch viel zu wünschen übrig. Der Grund dafür ist vielleicht weniger darin zu suchen, daß die Verkäuferinnen sehr oft Frauen sind, denen der Sinn für peinliche Ordnung fehlt, als vielmehr in dem Mangel an Zeit — die Hausfrau hat nebenbei auch ihre häuslichen Pflichten zu erfüllen —; denn es gibt wohl keinen Geschäftszweig des Detailhandels, in dem mehr gearbeitet werden muß, als im Frucht- und Gemüsehandel. Die Eigenart der Ware zwingt schon dazu; denn einerseits sind die für den gleichen Preis verkauften Mengen an Waren bedeutend größer als in jedem anderen Detailhandelszweig und erfordern deshalb bedeutend mehr einzelne Handreichungen, andererseits bewirkt die leichte Verderblichkeit der Waren, daß der Inhaber auf jede Art versuchen muß, den täglichen Vorrat umzusetzen. Man muß einmal während der Erdbeer- und Kirschenernte einen Einblick tun in den Betrieb eines solchen Detailgeschäfts, um die Richtigkeit der obigen Behauptung vollauf bestätigt zu finden.

In diesem Umstand ist übrigens auch eine der Ursachen zu suchen für den fast gänzlichen Mangel an kaufmännischer Buchführung in diesem Handelszweig; denn wie andere Detaillisten hat auch der Fruchthändler den Wert und die Notwendigkeit einer geordneten Buchführung wohl eingesehen, glaubt aber wegen Mangel an Zeit darauf verzichten zu müssen. Wenn auch diese Auffassung erklärlich ist, so muß ihre Richtigkeit doch bezweifelt werden; denn seit jeher hat der Kaufmann mehr durch kluge und vorsichtige Berechnung als durch körperliche Arbeit verdienen können, umsomehr bei einer Ware wie Früchte und Gemüse, die im hohen Grade Spekulationsobjekt ist und ihrer Verderblichkeit wegen möglichst schnell umgesetzt werden muß.

Die mangelnde kaufmännische Intelligenz zeigt sich namentlich auch in der Preisberechnung, wo oft nur der bloße Zufall und das Äußere des Käufers den Ausschlag gibt für einen mehr oder minder hohen Kaufpreis der Ware. Die oft großen Preisunterschiede in den Ladengeschäften zeigen deutlich die Unfähigkeit der Verkäuferinnen, beim Ein- und Verkauf richtig kaufmännisch unter Mitberechnung aller Unkosten zu kalkulieren. So kommt es denn häufig, daß in den Geschäften, wo der Mann zur Arbeit geht, die Frau in ihrem Geschäft einen Teil der Summe zusetzt, die der Mann verdient, ohne daß beide es auch nur ahnen. Erst wenn es schon zum Äußersten gekommen ist, wird ihnen die Unrentabilität des Geschäftes klar.

Erschwerend für die Existenz dieser kleinen Ladeninhaber sind namentlich auch die hohen Mieten. So berichtet Häberlin (S. 55) von dem Inhaber eines Gemüsegeschäftes, der für die Miete eines Torweges allein 250 Mk. bezahlen mußte. Die Forderung der Hausbesitzer grenzt hier manchmal ans Unverschämte.

Über Umsatz, Handlungsunkosten und Reingewinn der Inhaber von Gemüsegeschäften macht Häberlin folgende Angaben (Tabelle IX):

Jahres-Umsatz Mk.	Bruttogewinn Mk.	Bruttogewinn % v. Ums.	Handlungsunkosten Mk.	Handlungsunkosten % v. Ums.	Handlungsunkosten Ladenmiete	Reingewinn Mk.	Reingewinn % v. Ums.
32 000	6 000	18.75	3 100	9.67	700	2 900	9.06
3 400	1 400	41.18	600	17.65	500	800	23.53
2 600	1 250	48 08	350	21.15	300	900	34.61
3 100	1 350	43.55	150	4.84	150	1 200	38.71
5 900	3 200	54.23	900	15.26	800	2 300	38.98
4 000	800	20.—	240	6.—	204	560	14.—
4 300	1 100	25.58	350	8.14	250	750	17.44
5 100	3 100	60.78	1 600	31.37	1 400	1 500	29.41
4 175	1 390	33.29	575	13.77	250	825	19.52
1 300	400	30.77	?	—	400	Verlust	—

Sowohl gegenüber dem Gewinn der Grossisten, als auch dem der Ladeninhaber der meisten anderen Handelszweige des Kleinhandels ist dieser Gewinn ziemlich hoch zu nennen, beträgt der Reingewinn doch durchschnittlich nach diesen Angaben 25,03%, während die Steuerbehörde den durchschnittlichen Aufschlag eines Kleinhändlers auf 8% angegeben hat. Also selbst, wenn man die Möglichkeit der Steuerhinterziehung in Rücksicht zieht und den durchschnittlichen Gewinn der übrigen Kleinhändler um einige Prozente erhöht, bleibt der Unterschied doch noch äußerst groß. Wenn trotzdem die Standinhaber in Bezirksmarkthallen ihre Preise nicht weiter, als es geschehen ist, heruntersetzen können, um dem Kleinhandel gegenüber ihre Existenz zu wahren, so liegt die Ursache in dem meistens sehr kleinen Umsatz.

Am meisten auffallend aber ist bei diesen Angaben die äußerst große Verschiedenheit in den Gewinnprozenten. Sie ist zurückzuführen auf die Lage des Geschäfts, die Kaufkraft der Kundschaft, die bei dem Verkehr fast ausschließlich mit Frauen, die doch nach übereinstimmendem Urteil aller Geschäftsleute eine besonders schwierig zu behandelnde Art von Kunden sind, eine äußerst große Rolle spielen, auf die geschäftliche Gewandtheit des Verkäufers und auf ferner liegende Umstände, besonders auf einen dem Geschäfte angeschlossenen Nebenbetrieb im Straßenhandel.

9. Die Straßenhändler.

Die zweite Art des Kleinhandels, der im Umherziehen, verdankt auch in erster Linie den Markthallen seine rasche Entwicklung. Denn mit der Eröffnung der Markthallen gingen viele Wochenmarktshändler, die das den bisherigen Gebühren gegenüber hohe Standgeld von der Miete eines Standes abschreckte, zum Straßenhandel über, der ihnen nur die Kosten für die Transportmittel, Wagen und Pferd oder Handkarren, auferlegte, im übrigen ihnen aber durch den Verkauf am ganzen Tage und das direkte Aufsuchen der Kunden einen größeren Umsatz versprach als der Verkauf in Markthallen. Die vielen damit verbundenen Strapazen mußten sie allerdings mit in den Kauf nehmen.

Der Straßenhandel unterscheidet sich in zwei wesentliche Arten: in den „fliegenden", der den ganzen Tag von Straße zu Straße zieht, und in den „stehenden", der vorzugsweise, namentlich abends, an den belebten Straßenecken und -Plätzen den Vorübergehenden seine Ware anpreist. Gegenstände des Verkaufs sind Obst, Gemüse, Blumen und Fische, für die als Bezugsquelle die Markthalle dient.

Sehr interessant ist die Tatsache, daß sich die Straßenhändler zuerst namentlich dort aufhielten, wo das Publikum gewohnt war, sich täglich mit frischer Marktware zu versorgen, d. h. an den bisherigen Wochenmarktsplätzen und an den die Markthallen begrenzenden Straßen; ja, sogar bis in die Markthallen selbst kamen sie unter dem Vorwande, etwas kaufen zu wollen, um zu verkaufen. Und sie konnten und können noch jetzt hier Handel treiben, da ihnen im Vergleich zu den anderen Händlern nur wenig Unkosten erwachsen und sie, besonders wenn sie nur gelegentlich Straßenhandel treiben, noch den Vorteil haben, von Großhändlern die von den Auktionen übriggebliebenen Waren oft zu äußerst billigen Preisen zu erhalten. Die Qualität der Waren läßt dann aber auch sehr oft zu wünschen übrig, so daß es kaum zu verstehen ist, wie Straßenhändler ohne Kontrolle der Polizeibehörde ihre Waren feilbieten dürfen, und noch dazu meistens in den ärmsten Vierteln, wo der Absicht des Händlers, seine Ware zu verkaufen, das Verlangen der Käufer entgegenkommt, möglichst viel, wenn auch von minderwertiger Qualität, zu erhalten.

Der Umstand, daß es unmöglich ist, auch nur irgendwelche Angaben über die an Straßenhändler abgegebenen Mengen von den Großhändlern zu erhalten, ist bezeichnend dafür, in welch großem Maße der Straßenhandel als „Abschubweg" für minderwertige Nahrungsmittel von Großhändlern benutzt wird. Schädlicher noch für das Wirtschaftsleben des Volkes sind allerdings die Ladeninhaber, die gelegentlich als Straßenhändler fungieren, nämlich meistens nur dann, wenn sie Ware haben, die sie in ihrem Laden nicht mehr verkaufen können. Sie brauchen nicht einmal, wie die Großhändler, einen Dritten zum Ankauf der Waren zu bewegen, sondern bei ihnen kommt es nur darauf an, in Stadtviertel zu ziehen, wo sie unbekannt sind und dort ihre Ware abzusetzen. In ihrem Unternehmen unterstützt sie auch noch die Schwierigkeit der Kontrolle, der sie sich in Großstädten leicht entziehen können, wenn sie überhaupt ausgeübt wird.

Eine ganz andere Kategorie bilden die Straßenhändler, die morgens zu jeder Zeit die gewohnten Straßen durchziehen und meistens schon bis Mittag ihre Ware an die Hausfrauen abgesetzt haben, die sich vollkommen auf sie verlassen. Bei ihnen ist auch das Bestreben vorhanden, durch möglichst gute und billige Ware sich die Stammkundschaft zu erhalten. Es wird ihnen dann gar nicht schwer, sich ihren Unterhalt auf verhältnismäßig leichte Weise zu verdienen. Vor dem Ladenkleinhandel haben sie den großen Vorzug, daß sie wegen der geringeren Unkosten die Preise billiger stellen und die Konsumenten mit ihren Waren in den Häusern aufsuchen können. Namentlich der niedrigeren Preise wegen sind sie deshalb zu einem wichtigen

Gliede der Unterverteilung geworden, das es namentlich der ärmeren Bevölkerung möglich macht, brauchbare Ware zu billigerem Preise zu erhalten, denn die Differenz in den Preisen des Laden- und Straßenhandels ist meistens sehr bedeutend, wie Häberlin, Tabelle IX, beweist. Sie beträgt 20—75%, je nach den verschiedenen Verkaufsgegenständen, und sie ist um so wichtiger, als die höheren Preisunterschiede namentlich auf diejenigen Verkaufsobjekte entfallen, die zu den Hauptnahrungsmitteln der ärmeren Leute gehören, wie z. B. Kartoffeln, Kohl etc. Bedenkt man dann noch, daß die für den Kleinhandel aufgestellten Preise die der Standinhaber der Bezirksmarkthallen sind, und daß diese immer noch um wenige Pfennige niedriger sind, als die des Ladenkleinhandels, so kann kein Zweifel mehr sein, daß der Straßenhandel gerade für die Ernährung der ärmeren Stadtbevölkerung von sehr großer Bedeutung ist.

Voraussetzung für ein gedeihliches Wirken des Straßenhandels ist allerdings eine scharfe Kontrolle der Verkaufsgegenstände auf ihre Beschaffenheit, die sich hier so gut ermöglichen läßt, wie bei den Straßenhändlern, welche die Haushaltungen mit Milch versorgen. Es bedarf nur energischer Anstrengungen der Stadtverwaltungen, diesbezügliche Maßnahmen in die Wege zu leiten. Mit welchem Leichtsinn Magistrate manchmal die hygienischen Maßnahmen außer Acht lassen, zeigt deutlich die noch jetzt bestehende Bestimmung einer von dem Verfasser besuchten Stadt, daß der Marktmeister, der außer einem gedeckten Markte mit 276 festen Ständen und den vielen Ständen der Produzenten noch den Wochenmarkt beaufsichtigen und alle polizeilichen Funktionen ausüben muß, „sofort Mitteilung zu machen hat, wenn er Lebensmittel findet, die anscheinend verfälscht, verdorben oder gesundheitsschädlich sind". Für die Untersuchung der Lebensmittel soll also allein das Äußere maßgebend sein, und dies auch nur dann, wenn die Gesundheitsschädlichkeit direkt augenscheinlich ist. Bei solch umfangreichen Verpflichtungen eines Polizeibeamten kann von einer auch nur einigermaßen strengen Kontrolle keine Rede sein. Und in den meisten deutschen Städten liegen die Verhältnisse so wie hier.

Der Betrieb des Straßenhandels ist für den Beobachter von großem Interesse. Die verschiedensten Elemente kommen hier zusammen, und nicht selten suchen gescheiterte Existenzen durch den Straßenhandel ihr kümmerliches Dasein zu fristen. Dies bezieht sich aber fast ausschließlich auf die gelegentlichen fliegenden Straßenhändler, die nur dann handeln, wenn die Not sie dazu treibt oder die Gelegenheit sich ihnen bietet, infolge des Überangebots einer bestimmten Ware diese zu sehr billigem Preise zu erhalten. Dieser Verkauf geschieht also vorzugsweise nur mit einer bestimmten Ware, die je nach dem Angebot am Großmarkt wechselt, während die ständigen Straßenhändler gewöhnlich alle Arten für den Haushalt mit sich führen.

Früh morgens ziehen sie häufig mit 2—3 Mk. in der Tasche zur Markthalle. Den Handkarren haben sie sich gewöhnlich auf Kredit von einem bekannten Wagenverleiher geliehen. Für ihr „Geschäftskapital" suchen sie sich dann aus den Restbeständen der Großhändler oder des Kaufvermittlers möglichst vorteilhaft zu decken und ziehen dann von einer Straße in die andere, überall ihre Waren anbietend und zwar möglichst in demselben Tonfall, damit die Kunden, die sie häufiger besuchen, sie schon am Ausrufen ihrer Ware erkennen. Oft treiben auch Frauen und Kinder den Straßenhandel, während der Mann zur Arbeit geht. Abend für Abend stehen sie dann mit ihren Karren an den Hauptverkehrsstraßen und suchen die von der Arbeit heimkehrenden Leute zum Kauf zu bewegen. In Großstädten stehen sie da manchmal Karren an Karren, sodaß sie ein wesentliches Hindernis des Verkehrs bilden und dadurch viele Stadtverwaltungen zwangen, den Straßenhandel an den Hauptverkehrsstraßen und den Straßenecken zu verbieten. Solche Maßnahmen wurden bis jetzt ergriffen in Berlin, Leipzig und Dresden. Verhandlungen darüber werden auch in anderen Städten gepflogen.

Geschieht diese Beschränkung aus hygienischen und verkehrspolizeilichen Rücksichten, so ist sie nur zu billigen; denn würde man nicht einschreiten, so entständen dieselben Mißstände, die zur Abschaffung des Wochenmarktes drängten. Sind aber Wettbewerbsrücksichten namentlich in Hinsicht auf Bezirksmarkthallen maßgebend für die Stadtverwaltung, so ist eine Einschränkung des Straßenhandels nur auf gewisse Straßen durchaus nicht zu billigen, da dann statt der Stadt selbst die Ladeninhaber des jetzt von den Straßenhändlern durchzogenen Gebietes die Geschädigten sind. Das hieße also den Teufel mit Beelzebub austreiben.

Zu empfehlen ist es aber, in den ärmeren Arbeitervierteln den Straßenhandel in jeder Weise zu fördern, jedoch dabei stets die strengste Kontrolle walten zu lassen. Auf diese Weise könnten dann vielleicht die Straßenhändler vorbildlich für die Nahrungsmittelgeschäfte in jenen Stadtvierteln werden, bei denen oft wirklich eben alle Voraussetzungen fehlen, die man an Nahrungsmittelverkaufsräume stellen muß.

Weil der Straßenhandel in seiner Bedeutung für die Unterverteilung sich von Jahr zu Jahr gewaltig hebt, gewinnt er auch immer mehr Bürger höherer Klassen zu Käufern, wie man hier denn überhaupt bei den Straßenhändlern das Streben beobachten kann, den Ladenkleinhändlern als Bezugsquelle gleichgeachtet zu werden. Tatsächlich arbeitet der Straßenhandel schon jetzt im ganzen mit großen Kapitalien. Die einzelnen Verkäufer sind in diesem Falle nur Angestellte eines Kapitalisten, oft eines Grossisten der Markthalle, die gegen eine bestimmte Entschädigung die von den Grossisten massenweise und daher billig aufgekauften Waren mit gutem Gewinn verkaufen. Denn der Höhe des Gewinnes nach ist der Straßenhandel als ein sehr einträgliches Geschäft zu bezeichnen, der dem Ladenkleinhandel an Verdienst wenig oder um nichts nachsteht. Sind die Umsätze auch, wie untenstehende Tabelle beweist, teilweise recht klein, so liegt das wohl mehr daran, daß der Straßenhandel ein noch sehr junger Handelszweig ist und, wie oben angedeutet, in vielen Fällen von wenig geeigneten Persönlichkeiten ausgeübt wird und daher oft das Vertrauen des Publikums noch nicht in genügendem Maße genießt.

Rentabilitätstabelle des Straßenhandels.
Häberlin, Tabelle VIII.

	Jahres-Umsatz Mk.	Bruttogewinn		Handlungsunkosten			Reingewinn	
		Mk.	% v. Ums.	Mk.	% v. Ums.	Laden-miete	Mk.	% v. Ums.
1	8 500	3 000	35.29	1 200	14.12	—	1 800	21.17
2	6 700	2 300	34.33	1 100	16.42	—	1 200	17.91
3	9 000	4 050	45.—	1 950	21.66	—	2 100	23.34
4	1 300	650	50.—	50	3.84	—	600	46.16
5	1 100	540	49.09	40	3.14	—	500	45.45

Fünftes Kapitel.

Verwaltung und finanzielles Ergebnis.

§ 14. Die Verwaltung.

Betrachteten wir bis jetzt die Markthallen nur als Institut zur Vermittlung des Lebensmittelverkehrs zwischen Käufern und Verkäufern, so ist jetzt die Frage aufzuwerfen: Wie funktioniert dieses Unternehmen als „Geschäft für sich"? Wie wird es verwaltet und wie ist das finanzielle Ergebnis?

Als oberster Behörde unterstehen die Markthallen im allgemeinen einer Markthallenkommission oder -deputation, die von Magistratsmitgliedern gebildet wird. Zu umfassenden baulichen Veränderungen, zu Satzungsänderungen und zur Entlastung der Markthallenverwaltung bedarf es ihrer Genehmigung. Ihr untersteht das gesamte Markthallenpersonal, an dessen Spitze der Direktor die innere Verwaltung ausübt. Für jede Markthalle einer Anlage ist dann noch ein Inspektor als oberster Leiter angestellt, der über die gesamte Geschäftsführung seiner Markthalle und über das übrige Personal (Pförtner, Arbeiter, Wächter etc.) die Aufsicht zu führen hat. Ein Teil der unteren Beamten ist zu Samaritern ausgebildet, um bei Unglücksfällen, die in

Markthallen gar nicht selten vorkommen, sogleich die erste Hilfe bringen zu können.

Für die Stellung und die Befugnisse der Beamten ist es von Wichtigkeit, daß die Markthallen als ein privatwirtschaftliches Unternehmen der Stadt angesehen werden. Weil sie jedoch zugleich als Verkaufsvermittelungsstätten für Lebensmittel den Wochenmärkten gleich geachtet werden, so sind die Beamten in ihren Maßnahmen der Reichs-Gewerbeordnung unterworfen. Zugleich aber untersteht das Markthallenwesen als privatwirtschaftliches Unternehmen der Stadt den Bestimmungen des Magistrats. Wo hier im Einzelfall die Grenze zu ziehen ist, muß im Zweifelsfalle gerichtliches Urteil festlegen. Ein in dieser Hinsicht interessanter Prozeß schwebt augenblicklich in Bielefeld, wo ein Händler der Marktpolizei das Recht bestreitet, ihre Maßnahmen auf Grund der für den Wochenmarkt geltenden Polizeiverordnung der Stadt Bielefeld auch in Markthallen zu treffen.

Die Tatsache, daß Markthallen in ihrer gesetzlichen Regelung den Wochenmärkten gleich gestellt sind, soll jedoch nicht zur Folge haben, daß dieselben Mißstände, die sich fast ohne Ausnahme aus den Marktordnungen der Wochenmärkte ergeben, nun auch mit in das neue Unternehmen übergehen sollen. Es ist kaum glaublich, wie die Käufer und Verkäufer gerade auf den Wochenmärkten oft bevormundet werden. Da werden genau angegeben der Ort und die Gegenstände des Verkaufs, sowie die Zeit, in der an Wiederverkäufer verkauft werden darf. Allgemein aber richten sich die Bestimmungen gegen die verhaßten Aufkäufer, ohne daß man dabei bedenkt, daß diese mit der Zeit umso notwendiger werden, je lebhafter der Marktverkehr wird. Eine scharfe Sichtung aller dieser Bestimmungen ist notwendig, wenn die neuen Marktordnungen für die Markthallen ihren Zweck erfüllen sollen. Möglichste Freiheit des Marktverkehrs ist höchstes Gebot. Die Polizei sollte nur da sein, um den Verkäufern die Plätze anzuweisen, um auf einen geregelten Marktverkehr zu achten und alle Streitigkeiten zu schlichten, nicht aber, um in kleinlicher Weise nach dem Buchstaben längst veralteter Marktordnungen Käufer und Verkäufer zu belästigen und volkswirtschaftliche Gewohnheiten zu durchbrechen, die sich der Markt in seiner stetigen Entwicklung und Veränderung im Kleinen selbst geschaffen hat. Die Erwägung, daß Marktordnungen nur dadurch entstanden sind, daß die Behörden des modernen Staates die Verhältnisse, die sie am Marktort gerade vorfanden, zur gesetzlichen Regel erhoben, dabei aber auf eine oft schnelle Entwicklung des Marktverkehrs keine Rücksicht nahmen, zeigen, wie verfehlt es wäre, solche Bestimmungen zur unbedingten Norm für neu zu schaffende Marktordnungen zu machen.

§ 15. Das finanzielle Ergebnis.

Die Markthalle muß ohne wesentliche Belastung des Lebensmittelverkehrs s i c h s e l b s t e r h a l t e n. Die Aufwendungen, die für Verzinsung und Amortisation des Anlagekapitals, für Unterhaltung der Gebäude, für Verwaltung, Heizung, Beleuchtung, Steuern und für den ganzen maschinellen Betrieb notwendig sind, müssen durch die mit der Markthalle verbundene Verkehrssteigerung aufgebracht werden, ohne daß durch auferlegte hohe Abgaben eine Erhöhung der Lebensmittelpreise bedingt wird. Gemäß § 68 der Reichsgewerbeordnung, die nach der Entscheidung des Oberverwaltungsgerichts vom 10. November 1887 auch für Markthallen maßgebend ist, dürfen von der Stadtverwaltung Abgaben erhoben werden als Entgelt für den beanspruchten Raum und den Gebrauch von Gerätschaften und Einrichtungen. Keinesfalls aber sollen diese Abgaben eine Art Verkehrssteuer sein als Quelle für den Stadtsäckel.

Für die Bemessung der H ö h e d e s S t a n d g e l d e s muß zwar der § 68 der Reichs-Gewerbeordnung maßgebend sein, jedoch nur zur Bestimmung einer Höchstgrenze der gesamten aufzubringenden Abgaben. Falsch wäre es, in Verfolgung seiner Bestimmungen für jedes Quadratmeter beanspruchten Platz eine bestimmte Taxe aufstellen zu wollen, ohne Rücksicht auf die darauf ausgestellten Waren. Vielmehr muß die an Qualität wertvollste Ware mit höheren Abgaben belegt werden, als die minderwertige, ohne daß man dabei jedoch in kleinliche Abstufungen verfällt, die nur den freien Marktverkehr hindern würden.

Das Standgeld muß bemessen werden: 1. nach dem Wert der Ware im Verhältnis zu ihrem Raum, 2. nach den zum Verkaufe beanspruchten Einrichtungen und Gerätschaften.

Diesen Gesichtspunkten tragen auch die Markthallenordnungen unserer größeren Städte Rechnung. Überall entfällt auf das im Verhältnis zum Raum höchstwertige Fleisch, Wildpret und Geflügel das höchste Standgeld, während für Gemüse und Kartoffeln, die im Verhältnis zum Raum geringwertigste Ware, das geringste zu zahlen ist. Entsprechend dem zweiten Bestimmungsgrundsatz haben Verkäufer von Flußfischen, die stets Wasser und Fischbecken benutzen, überall ein höheres Standgeld zu bezahlen als andere Verkäufer.

Zur Herbeiführung einer stetigen Besetzung der Verkaufsstände vermietet die Stadtbehörde sie bei monatlichen Abonnements entsprechend billiger. Es hängt dieses namentlich mit der Gewohnheit der Käufer und Verkäufer zusammen, einzelne Tage, die alten Wochenmarktstage, als Hauptmarktstage anzusehen. Eine solche Gewohnheit widerspricht dem Zweck der Markthalle, die einen regelmäßigen Lebensmittelverkehr herbeiführen soll.

Über die Besetzung der Marktstände hier genauere Angaben zu machen, würde zu weit führen und zudem einen Vorteil nicht bieten, der für die Beurteilung der Hallen von irgendwelcher praktischen Bedeutung wäre, weil bei der Besetzung der Verkaufsstände lokale Verhältnisse (Ausdehnung und ländliche Umgebung der Stadt, Lage der Markthallen u. s. w. ausschlaggebend sind. Nur das mag angeführt werden, daß in Zentral- und Bezirksmarkthallen im allgemeinen die Zahl der Verkäufer im Sommer bedeutend größer ist, als im Winter, und daß der Verkehr an den früheren Wochenmarktstagen den der anderen Tage bei weitem überragt, trotz des ermäßigten Abonnementsgeldes. Gerade diese Tatsache wird sehr deutlich durch eine Tabelle bewiesen, die dem Verwaltungsbericht der Danziger Markthalle für das Etatsjahr 1899 entnommen ist. (Tabelle IV.)

Die früheren Wochenmarktstage Mittwoch und Sonnabend zeigen die bedeutend höheren Besuchsziffern deutlich an.

Außer diesen Einnahmen durch Standgeld gehören auf die Seite der Aktiva für die Markthallen noch die Einnahmen für vermietete Wohnungen und Läden, wie wir das schon von Berlin oben berichtet haben, und das Entgelt für Benutzung der amtlichen Wage und der Beförderungsmittel. Doch ist der Ertrag aus diesen Einnahmequellen nur gering.

Suchen wir nun ein Urteil über die Rentabilität der Markthallen im ganzen zu gewinnen, so leuchtet von vornherein ein, wenn man die Einnahmequellen und den Zweck der Markthallen in Betracht zieht, daß die Markthalle als gewinnbringendes Unternehmen der Stadt nicht bezeichnet werden kann und darf. Mit wenigen Ausnahmen beweisen die Berichte der einzelnen Markthallen denn auch diese Behauptung. Trotz der Verschiedenheit der einzelnen Berechnungen inbezug auf Amortisation und Verzinsung des Anlagekapitals, der Abschreibung usw. ist es vielleicht angebracht, von den amtlich ermittelten Ergebnissen den Gewinnprozentsatz zu berechnen.

Es verzinste sich darnach das Anlagekapital:

In Berlin	mit	1.3 %,
„ Chemnitz	„	0.24%,
„ Danzig	„	6.56%,
„ Dresden	„	0.97%,
„ Frankfurt a. M.	„	1.19%,
„ Hannover	„	0.81%,
„ Leipzig	„	0.43%.

In diesen Ergebnissen sind die Erträge der Haupt-, Zentral- und Bezirksmarkthallen, wenn mehrere in einer Stadt sich befanden, zusammen enthalten. Wegen der Unvollständigkeit der Berichte ist es nicht möglich, die genauen Ergebnisse für jede einzelne Halle festzustellen, obgleich dies gerade von großem Interesse wäre.

Die Praxis selbst jedoch zeigt am deutlichsten, wie es um die Rentabilität der Bezirksmarkthallen bestellt ist, hat man doch von den Berliner Bezirksmarkthallen schon die Hallen III, XII und XIII schließen müssen, und über weitere Schließungen stehen Beratungen bevor. Demgegenüber vergrößert sich der Umsatz der Hauptmarkthalle I und der Zentralmarkthalle Ia in schnellsteigender Kurve.

Das beste Licht auf die gegenwärtige Rentabilität der Markthallen wirft eine Bemerkung aus dem Verwaltungsbericht der Berliner Markthalle für das Etatsjahr 1909. Es heißt hier: „Die Markthalle XIII ist immer schlechter geworden und hat im Jahre 1909 gegen das Jahr 1906 eine Mindereinnahme von 3463.02 Mk. gehabt.

Die Markthallen III, IV, V, VII, VIII, IX und XIV haben geringere Einnahmen an Standgeld gehabt, als im Jahre 1908. Der Ausfall bei Markthalle XIV mit 47.62 Mk. ist ohne Bedeutung. Markthalle VIII ging auf den Stand von 1903 zurück, der Unterschied gegen die letzten 8 Jahre beträgt aber immerhin nur rund 4000 Mk. Markthalle IX, welche sich in den letzten Jahren annähernd auf gleicher Höhe gehalten hatte, ist im Jahre 1909 um 2014.40 Mk. zurückgegangen. Die Markthallen III und IV haben die abschüssige Bahn weiter verfolgt, ebenso die früher guten Markthallen V und VII. Letztere hatte im Jahre 1902 noch 109 852 Mk. Standgeld aufgebracht, 1909 aber nur noch 73 044.75 Mk., also rund ein Drittel weniger."

Die nachfolgende Zusammenstellung weist nach, wieviel von der in den einzelnen Hallen zur Besetzung vorhandenen Fläche im Jahre 1909 vergeben gewesen ist:

(Siehe Tabelle Seite 78.)

Die auf Ersuchen der Stadtverordnetenversammlung gebildete gemischte Deputation, die darüber verhandeln sollte, „welche Schritte zu tun sind, um das Unternehmen der städtischen Markthallen günstiger zu gestalten", hatte zunächst auf Antrag der Markthallendeputation beschlossen, die in den Markthallen X, XI und XIII am 1. August 1907 probeweise eingeführte Standgeldermäßigung, welche den erhoffften Erfolg nicht gehabt hatte, wieder aufzuheben. Nachdem die Gemeindebehörden diesem Beschlusse beigetreten waren, wurde der früher gültig gewesene Tarif am

Markthalle No.	Zur Besetzung waren vorhanden qm	Es waren besetzt tatsächlich qm	in Prozenten
I	5384.1	5832.3	108.3
Ia	5609.3	6077.3	108.3
II	3044.1*)	3081.8	102.2
III	2010.–	547.7	27.2
IV	1491.3	521.1	34.9
V	863.–	679.9	78.8
VI	1193.9	1153.5	96.6
VII	1535.8	778.1	50.7
VIII	1787.7	1514.2	84.7
IX	1300.–	553.8	42.6
X	1627.2	449.7	27.6
XI	1061.–	426.8	40.2
XIII	1575.6	128.1	8.1
XIV	1455.1	1181.6	81.2

1. April 1909 wieder eingeführt. Die Besetzung der Markthallen X und XI wurde, wie bereits erwähnt, bis Ende Dezember 1909 durch diese Maßnahme nicht beeinflußt, sie hielt sich vielmehr bis dahin auf annähernd gleicher Höhe. Mit dem Beginn des Jahres 1910 trat aber eine Verschlechterung beider Hallen ein."

Wie es in dem Bericht an anderer Stelle weiter heißt, „mußte endlich anerkannt werden, daß alle Versuche, den Verkehr in den schlechtbesuchten Markthallen zu heben, als gescheitert zu betrachten seien und daß auf eine Besserung der Verhältnisse nicht mehr gerechnet werden könne".

Es dürfte danach die Behauptung voll aufrecht zu erhalten sein, daß Hauptmarkthallen und Zen-

*) Der Überschuß der besetzten Fläche über die zur Besetzung vorhandene bei den Markthallen I, Ia und II ist auf die mehrfache tageweise Vergebung unbenutzter Abonnementstände zurückzuführen.

tralmarkthallen bei entsprechenden Voraussetzungen sich immer rentieren, Detailmarkthallen durchweg niemals, außer wenn besonders günstige Umstände mitsprechen.

Sechstes Kapitel.

Würdigung der Markthallen.

§ 16. Bedeutung der Markthallen für den Konsumenten.

Sollen Markthallen ihrem Zweck entsprechen, so muß natürlich der größte Vorteil der Hauptmasse der Bürgerschaft einer Stadt, das heißt den Konsumenten, zugute kommen. Voraussetzung dabei ist jedoch, daß andere Stände, z. B. die Ladenhändler, nicht wesentlich dadurch geschädigt werden.

Betrachtet man die Wirkung der Markthallen*) nach dieser Seite hin, so muß man zugeben, daß sie vollständig ihren Zweck, die Mißstände des Wochenmarktes hauptsächlich zugunsten der Konsumenten zu beseitigen, erreicht haben. Durch den Eisenbahnanschluß und durch die Einrichtung der städtischen Kaufvermittlung wird der Produktionskreis der Stadt um ein ungeheures Gebiet erweitert, sodaß es einerseits möglich wird, in Zeiten, wo auch das bisherige Lieferungsgebiet noch Waren hat, die Preise durch Heranziehung der Waren aus dem weiteren Produktionsgebiet zu erniedrigen, andererseits einem Mangel an bestimmten Waren vorzubeugen, der bis jetzt naturgemäß durch Witterungseinflüsse, Frost, durch den Wechsel der Jahreszeiten und durch Mißernten herbeigeführt wurde. Denn aus anderen Zonen und Weltteilen werden jetzt die Waren herbeigeschafft, und das Land erreicht den besten Absatz, das infolge günstiger Produktionsbedingungen die Waren am besten und billigsten liefern kann. Auf diese Weise

*) In diesen letzten Abschnitten berücksichtigen wir in erster Linie nur die Haupt- und Zentralmarkthallen, weil sie allein rentabel sind und also für die Zukunft nur in betracht kommen.

wird es möglich, daß auf dem Markt stets Waren aller Art zu haben sind. Dazu kommt aber noch, daß diese Massen von Waren auf einem verhältnismäßig kleinen, aber praktisch eingerichteten Ort aufgehäuft und den ganzen Tag verkauft werden. Die Hausfrau kann also jetzt auch nachmittags die Dienstboten zum Markt senden, nachdem die Hausarbeiten erledigt sind.

Durch eine straffe Organisation und durch kaufmännische Intelligenz ist es möglich, trotz der großen Warenmengen eine bessere Übersicht über die Mengen zu gewinnen als auf dem Wochenmarkte, namentlich als auf den Teilwochenmärkten. Die Preise sind daher durch den Einfluß der Markthallen weniger schwankend zur selben Zeit an verschiedenen Orten und zu verschiedenen Zeiten in Markthallen selbst und an anderen Orten. Dazu kommt noch der Einfluß der Markthallen auf die Preise in den Ladengeschäften der Stadt; denn überall zeigt sich bald, daß durch die Veröffentlichungen der Markthallenpreise die Ladeninhaber gezwungen werden, ihre Preise wenigstens zum Teil den Markthallenpreisen anzugleichen. Daß kann man in ärmeren Stadtvierteln in der Nähe der Markthallen beobachten. An den Hauptmarkttagen sind die Waren z. B. in Cöln immer um einige Pfennige in den Läden der Severinstraße billiger als an anderen Tagen. Durch die Kühl- und Aufbewahrungsräume ist dem Konsumenten übrigens auch eine weitere Gewähr gegeben, zu jeder Zeit alle Arten von Waren erhalten zu können.

Die von den Gegnern der Markthallen stets vorgebrachte Behauptung, durch die Markthallen würden die Preise der Lebensmittel infolge des höheren Standgeldes erhöht, entbehrt also vollständig der Richtigkeit. Es wird von vielen mit den Verhältnissen Vertrauten behauptet, daß die Preise der Lebensmittel zwar nicht erhöht, doch auch nicht erniedrigt werden. So antworteten in der Enquete der Markthallenkommission der Bremer Bürgerschaft von 14 Markthallenstädten nur Leipzig und Frankfurt a/M., daß die Lebensmittelpreise durch die Markthallen gefallen seien *).

*) Häberlin ist übrigens, was Leipzig anbetrifft, nicht der Meinung (S. 68), der beste Beweis, wie schwer bei den veränderten wirtschaft-

Übereinstimmend urteilen Fachleute aber gerade über das Standgeld, daß es für starke oder minder starke Besetzung der Hallen durch Verkäufer nicht von irgendwie ausschlaggebender Bedeutung ist, mithin eine auf den Verkauf wesentlich einwirkende Erhöhung der Preise nicht herbeiführt.

Von den übrigen zwölf Städten wurde behauptet, daß eine Einwirkung der Markthallen auf die Lebensmittelpreise nicht zu konstatieren sei. Wir möchten das aber als einen Irrtum bezeichnen, der aus der Schwierigkeit des Urteils über diese Frage entstanden ist, und der um so leichter begangen wird, als die Ladengeschäfte erst allmählich nach Eröffnung der Markthallen ihre Preise nacheinander angleichen, je nach der Lage ihres Geschäftes, der Kaufkraft der Kunden und der daraus resultierenden Einbeziehung ihrer Kunden in den Bannkreis der Markthalle.

Außer den etwas billigeren, weniger schwankenden Preisen und dem stetigen Vorrat haben die Konsumenten die Gewähr der besseren Qualität, denn durch die Markthallenbestimmungen sind in den Auktionen des Kaufvermittlers von vornherein Waren ausgeschlossen, die in der Qualität zu beanstanden sind. Außerdem sorgt eine scharfe chemische und tierärztliche Kontrolle dafür, daß die Waren oft und genau untersucht werden. Dies ist eben nur in Großstädten bei Markthallen möglich, weil hier die nötige Übersicht vorhanden ist. In dem Durcheinander des Wochenmarktes der Großstadt ist es wegen der leichten Beweglichkeit der Verkäufer und ihrer Waren ausgeschlossen, selbst wenn Beamte genug vorhanden wären.

Außerdem fallen infolge der Bedachung des Raumes alle schädlichen Einflüsse auf die Waren fort, die durch Regen und Frost, Sonnenschein und Staub herbeigeführt werden. Von welcher Bedeutung das ist, ermißt man am besten am Verkauf von Fleisch, das in den Ständen auf dem Wochenmarkt nicht gerade appetitlich aussieht, wenn die Sonnenstrahlen es ausgetrocknet haben und eine Staubschicht es bedeckt, oder der Regen auch durch erhöhtes Gewicht seinen Einfluß geltend gemacht hat.

---

lichen Verhältnissen zu beurteilen ist, ob die Preise durch Einwirkung der Markthallen gestiegen oder gefallen sind.

Schließlich braucht die Hausfrau auch nicht den Schmutz zu fürchten, der in freier Luft auf dem Wochenmarkt überall ist, an den Gestellen, den Borden, den Tischen, den Kleidern der Verkäufer usw.; denn die Reinhaltung der Stände ist den Verkäufern durch die Markthallenbestimmung zur Pflicht gemacht und äußerst leicht ermöglicht durch die überall befindlichen Wasserhähne der Wasserleitung und den mit Fließen bedeckten Fußboden.

Daneben braucht die Hausfrau sich beim Einkauf nicht, wie beim Wochenmarkt, nach Wind und Wetter zu richten. Sie selbst kann unter geschütztem Dach und in aller Ruhe und nach gehörigem Vergleich der Waren mit denen der Konkurrenz ihre Wünsche befriedigen und schon, wenn sie den Weg nach der Markthalle unternimmt, gewiß sein, selbst bei schlechtem Wetter Verkäufer genug zu finden, die auf dem Wochenmarkt nur zu leicht das Feld räumen.

Für die leichtere Abwicklung des Kaufgeschäftes ist es auch von wesentlichem Vorteil, daß infolge der Preisveröffentlichungen und des überhaupt viel mehr kaufmännischen Betriebes in den Markthallen „Abhandeln" im allgemeinen nicht mehr sonderlich Brauch ist und bei der starken Konkurrenz, die die Preise drückt, auch nur wenig nützen dürfte. Auch kann man die Bedienung in den Markthallen eine höflichere nennen als auf dem Wochenmarkt, dessen Verkäuferinnen immer noch den Ruhm haben, für Besucher, die bei ihnen nicht kaufen wollen, dieselbe spitze Zunge zu haben, wie sie „die Damen der Halle", nach dem Edikt vom Jahre 1738 zu schließen, in den „Halles Centrales" schon zu Anfang des 18. Jahrhunderts hatten.

Angesichts aller dieser Vorteile ist es befremdlich, wie wenig die Bürger einer Stadt diese Vorteile durch Einkauf in Bezirksmarkthallen ausnutzen. Bei sämtlichen Markthalleneröffnungen hat man die Erfahrung gemacht, daß die Verkäufer zum großen Teil die kürzlich bezogenen Stände aufgeben mußten, weil die Käufer fehlten. Die Hauptgründe dafür sind in der psychischen Eigenart der Käufer zu suchen.

Über dem ganzen Wochenmarkt lagert eine gewisse

Stimmung der Gemütlichkeit. Man fühlt sich aus unserer schnelllebigen, alle Kraft in Anspruch nehmenden Zeit hinausversetzt in Verhältnisse, die in der Hauptsache aus früheren Jahrhunderten stammen, ohne sich wesentlich geändert zu haben. Hierhin ging jede Hausfrau nur an den Hauptmarkttagen, um bei der bekannten Verkäuferin, bei der sie womöglich als Stammkundin beim Wiegen noch einen besonderen „Durchschlag" bekam, ihre Waren einzukaufen. Unter Hin- und Herhandeln konnte sie sich unter freiem Himmel die Ware aussuchen, die sie bei unbehindertem Tageslicht prüfen konnte. Die Händlerin selbst war vom Lande, wenigstens zeugte gewöhnlich ihre Tracht davon, und die Gewähr, die Waren, weil vom Produzenten, frisch und billig zu erhalten, war augenfällig. Die Überzeugung davon bei der Käuferin genügte schon, wenngleich sie den Tatsachen oft auch nicht entsprach; denn schon im Mittelalter haben wir Vorschriften, die den Händlern verboten, sich wie Landleute zu kleiden. In schlauer Weise suchten sie und suchen sie jetzt noch diese Meinung der Käufer auszunutzen. Nach dem Handel wurden dann noch allerlei Familiengeschichten erörtert, bis es die höchste Zeit wurde, die Ware zum Mittagessen bereit zu machen. In diese Verhältnisse aus dem Zeitalter des „laisser faire, laisser passer" griff die Stadtverwaltung mit dem rauhen Beschluß ein, die Wochenmärkte aufzuheben und sie in die neu zu errichtenden Markthallen zu verlegen. Klagen über die künftig zu bezahlenden hohen Standgelder eröffneten den Reigen der Abschreckungsmittel von der Markthalle. Die Käufer mußten von jetzt ab längere Wege zurücklegen, und in der Markthalle trafen sie oft die alte Verkäuferin auch nicht mehr, die wegen des vorher zu bezahlenden höheren Standgeldes von dem Mieten Abstand genommen hatte. Neue Verbindungen mußten geknüpft werden, der Vorzugs-„Durchschlag" hörte auf, ebenso das gemütliche Gespräch, die Produzenten verschwanden mehr und mehr, und der ganze Geschäftsbetrieb wurde viel mehr kaufmännisch. Das seelische Band, das auf dem Wochenmarkt oft Käufer und Verkäufer verbindet, verschwand und damit das Vertrauen, das man unbedingt der alten Verkäuferin entgegengebracht hatte.

Dazu waren die Preise wenig niedriger als in den Ladengeschäften, und die Waren erschienen bei dem durch das Glasdach gedämpften Licht weniger vorteilhaft als auf dem freien Wochenmarkt. So stellte eine Käuferin nach der andern schließlich die Erwägung an, ob es nicht besser sei, in den immer mehr aufkommenden Ladengeschäften die Einkäufe zu besorgen, die die oben angeführten Nachteile des Wochenmarktes nicht hatten, zwar in ihren Verkaufsobjekten um wenige Pfennige teurer waren, aber den großen Vorteil aufwiesen, daß sie wesentlich näher lagen als die Markthalle, nach und nach immer mehr in guten Läden eingerichtet wurden und einen Gedankenaustausch zwischen Verkäuferin und Käuferin wegen des verhältnismäßig nahen Zusammenwohnens viel eher ermöglichten. Dieser letztere Umstand und die größere Bequemlichkeit des kürzeren Weges gaben dann meist zugunsten der Ladengeschäfte den Ausschlag.

§ 17. Bedeutung für den Produzenten.

Auf den ersten Blick scheinen die Nachteile, welche die Markthallen für den Produzenten haben, die Vorteile zu überwiegen, denn durch die weit vermehrte Konkurrenz aus allen Ländern der Welt wird bewirkt, daß die Waren des inländischen Produzenten an Qualität im Durchschnitt besser sein müssen als in der Zeit vor Errichtung der Markthallen und dabei trotzdem nicht die früheren Preise erzielen; denn es werden jetzt nicht nur Waren von derselben Gattung wie bisher auf dem Markt verkauft, sondern den bisherigen Sorten wird auch noch durch vollständig neue Artikel, z. B. Seefische und Südfrüchte, Konkurrenz gemacht. Es wäre aber falsch, aus dieser Tatsache auf einen dauernden Nachteil der Markthallen für den Produzenten zu schließen. Vielmehr beruht hier ihre segenschaffende Bedeutung auf dem Grundsatz, daß *gesunde Konkurrenz das Geschäft hebt*. Der Produzent wird durch das vermehrte Angebot angehalten, möglichste Sorgfalt auf die Erzeugung seiner Produkte zu verwenden, wobei ihm die ausländischen Erzeugnisse in vielen Fällen als Vorbild dienen können. Er wird weiter bemüht sein, die geeignetste

Methode bei der Aufbewahrung der Früchte usw. anzuwenden, um die rechte Zeit abwarten zu können, in der er mit möglichst hohem Verdienst den Markt beschicken kann, und er wird, angeregt durch die Konkurrenz, mit größerem kaufmännischen Geschick sich nach den besten Absatzquellen umsehen, denn man darf nicht vergessen, daß der inländische Produzent, wenn er auch wohl unter dem Gesetz vom abnehmenden Bodenertrage mehr als sein ausländischer Konkurrent zu leiden hat, doch durch die heimatliche Zollgesetzgebung geschützt ist, die stets auf eine gesunde Konkurrenz Obacht nehmen wird. Andererseits hat er dem Auslande gegenüber den großen Vorteil, daß der Großhändler vom inländischen Produzenten lieber kauft als vom ausländischen, weil er an fremdem Obst usw. durch Verderb, ungünstige Abschlüsse, unpünktliche und unzweckmäßige Ankunft usw. viel eher Verluste erleiden kann als am ausländischen, das bei weitem nicht in dem Maße Spekulationsobjekt ist, sondern nur ausnahmsweise auf Abschluß, in der Regel aber in Kommission verkauft wird.

Die scheinbaren Nachteile, die sich für den Produzenten ergeben, sind also nur vorübergehender Natur. Sobald der Produzent sich die geeigneten Kenntnisse und die wirtschaftlichen Vorbedingungen verschafft hat, winkt ihm ein größerer Verdienst als vor Errichtung der Markthallen. Er braucht dabei keine Sorge zu haben, daß das durch die besseren wirtschaftlichen Verhältnisse herbeigeführte Mehrangebot den Preis der Waren erniedrigen werde. Im Gegenteil nutzt gerade nach dieser Richtung hin die Markthalle Propagandazwecken. Denn erst durch ihre Errichtung entstehen die zahlreichen neuen Existenzen im Ladenklein- und Straßenhandel, deren jede sich bemüht, möglichst große Mengen der zum Teil vom Produzenten an den Markt gebrachten Waren an das Publikum abzusetzen und auf diese Weise den Abnehmerkreis des Produzenten wesentlich zu erweitern. Für diesen kommt es also nur darauf an, geeignete Vorbedingungen zu schaffen — was mit sehr geringen Mitteln und einiger Umsicht leicht möglich ist — (Teilnahme an Obstanbau- und verwertungskursen, Zusammenschluß in Vereinen zur Förderung des Obst- und

Gemüseverbrauchs usw.), um den Vorteil der Markthallen sich zunutze zu machen.

Außer diesem größten volkswirtschaftlichen Vorteil bietet ihm die Markthalle noch manches andere. Er kann zu jeder Jahreszeit, an jedem Tage mit seinen Erzeugnissen zu Markte ziehen, hat also keinen Verlust durch Verderbnis, der ihm stets drohte, wenn er einen bestimmten Markttag erwarten mußte. Wenn es an Zeit fehlt, kann er die Waren dem städtischen Kaufvermittler senden mit der Gewißheit, möglichst bald den angemessenen Erlös in Händen zu haben. Verkauft er selbst, so genießt er, wie alle Verkäufer, die Vorteile einer Überdachung und der besseren Einrichtung und kann schließlich seine Waren schneller absetzen, weil ja die Markthalle eine Konzentration der Nachfrage herbeiführt. Alles in allem genommen, liegt es also nur am Produzenten selbst, ob er für sich den größeren Nutzen, den die Markthalle auch für ihn hat, herbeiführen will.

§ 18. Vorteile und Nachteile des Handels in der Markthalle.

Durch die Markthallen hat der kaufmännische Handel eigentlich erst seinen Einzug in den Lebensmittelverkehr gehalten. Unter günstigsten Bedingungen für die Zufuhr und die Unterverteilung konnte der Großhandel unter Benutzung der äußerst praktisch eingerichteten Räume, unter behördlichem Schutz und in straffer Organisation erblühen zu einer Höhe, an die in so kurzer Zeit die Gründer selbst nicht gedacht haben. Vormerkungen von Großhändlern für Stände sind in großer Zahl bei jeder Markthalle zu finden, und das beste Zeugnis für das Gedeihen dieses Handelszweigs in den Markthallen gibt der Beschluß des Magistrats zu Berlin, eine Großmarkthallen-Anlage im Werte von 25 Millionen Mark zu errichten. Und auch aus den Markthallenberichten sämtlicher anderen Städte geht deutlich hervor, wie mächtig der Großhandel in den Markthallen aufblüht.

Hat sich der Großhandel so nach außen hin mit den wachsenden Aufgaben immer weiter ausgedehnt, so war die andere Möglichkeit, seinen Pflichten gerecht zu werden, die

Verfeinerung des Betriebes, selbstverständlich.

Während bis zur Eröffnung der Markthallen in Berlin die Laufbahn der wenigen Großhändler in Lebensmitteln immer auf der niedrigsten Stufe, dem kleinen Detailgeschäft oder sogar dem Hausierhandel, anfing und dann mit den steigenden Anforderungen sich hob, legten nach Gründung der Markthallen, allerdings erst nach geraumer Zeit, zuerst Kapitalisten große Summen in den Verkaufsgütern der Markthallen an. Kaufmännische Intelligenz kam somit ans Ruder.

Durch die dann jahrelangen Erfahrungen ging eine Umwälzung des ganzen Betriebes vor sich. Die Großhändler kauften immer mehr ohne Hilfe des Importeurs direkt in den Ursprungsländern die Früchte, die mit Hilfe der schnell vorschreitenden Verkehrstechnik in wesentlich geringerer Zeit an dem Bestimmungshafen anlangten und hier durch allseitiges Ineinandergreifen aller Zweige des Handels ohne lange Lagerung und ohne die damit verbundene teilweise Verderbnis und Miet- und Zinsverlust in kurzer Zeit ihren Weg auf den Tisch des Konsumenten fanden. Dazu wurde den Großhändlern durch die Einrichtung von Kühl- und Gefrierräumen einerseits, andererseits von erwärmten Räumen für die Südfrüchte etc. es möglich, bei Überangebot die Produkte bis zum Eintreten einer günstigeren Konjunktur lagern zu lassen. Das vorher so große Risiko wurde dadurch wesentlich abgeschwächt zugunsten aller am Handel beteiligten Personen, nicht zuletzt der Grossisten.

Eine Gefahr allerdings brachte die Konzentration des Großhandels in Markthallen mit sich. Durch den Markthallenzwang wurden die Großhändler einander räumlich näher gerückt, und daher war die Möglichkeit, durch gegenseitige Verständigung eine Monopolstellung zu erlangen, viel eher gegeben, eine Beobachtung, die sich immer wieder bestätigt. Zwar treten die städtischen Verkaufsvermittler in ihrer Eigenschaft als Kommissionäre diesen Bestrebungen entgegen, haben aber, wie die Praxis gezeigt hat, nur mit Mühe den Grossisten Stand halten können. Entschieden müssen die städtischen Kaufvermittler in ihren Bemühungen, das Streben der Grossisten nach Monopolstellung zu vereiteln, von den Kleinhändlern durch scharfe Kontrolle der Preise unterstützt werden.

Die Markthallen tragen schließlich auch noch insofern zur Blüte des Großhandels bei, als es den Grossisten jetzt möglich ist, ohne die großen Preisherabsetzungen Restposten, die oft von minderwertiger Qualität sind, noch zu angemessenem Preise an Straßenhändler zu verkaufen, wobei allerdings eine eingehende gesundheitspolizeiliche Beaufsichtigung stattfinden muß.

Ganz anders verhält es sich mit den Standinhabern des Kleinhandels in den Markthallen. Für sie ist die Markthalle eher zum Schaden, als zum Nutzen, beraubte sie sie doch ihrer gewinnbringenden Stände auf dem Wochenmarkt. Es ist eine Ironie des Schicksals, daß der Plan der Markthallengründer in diesem Punkt, der doch mit ausschlaggebend für die Markthallengründung war, vollständig versagt hat und ein Aufblühen des Großhandels gezeitigt hat, das zu erreichen gar nicht der Zweck der Gründer war.

Vorteile bieten den Standinhabern zwar die Markthallen auch. Während sie früher bei jedem Wetter auf dem Wochenmarkt von morgens früh bis Mittags ihre Waren feilhalten mußten, sitzen sie jetzt unter geschütztem Dach und können zu jeder Jahreszeit, auch bei starkem Frost, da die Halle geheizt wird, ihren Geschäften obliegen, und zwar tagtäglich von morgens bis abends, mit Ausnahme weniger Mittagsstunden, die nach den Markthallenbestimmungen in Berlin den Markttreibenden Gelegenheit geben sollen, „ihre oft weit entfernt liegenden Wohnungen aufzusuchen, um dort in Ruhe ihr Mittagsmahl einzunehmen *). Das so lästige Transportieren der Marktgerätschaften und das Aufbauen der Stände bleibt ihnen in den Markthallen erspart. Wie sehr dieser Umstand verbilligend wirkt, kann man am besten aus der Tatsache ersehen, daß in Berlin vor Errichtung der Markthallen ein Unternehmen allein durch

*) Die Zweckdienlichkeit dieser Bestimmung kann übrigens bezweifelt werden, da z. B. Arbeitern dadurch gerade die Gelegenheit genommen wird, in der ihnen am besten passenden Mittagspause ihre Einkäufe zu machen.

Aufbauen und Abbrechen dieser Stände genügende Einnahmen erzielte, um bestehen zu können. Es wurde berechnet für den Aufbau und die Miete eines Metzgerstandes 0,75 bis 1,50 Mark. Die Transportkosten betrugen je nach der Entfernung für Hin- und Rückfahrt 0,50 bis 3,— Mark. Dazu kommt für den Standinhaber noch die Ersparnis aus nicht benötigten Gerätschaften und wesentlich geringeren Transportschäden. Die meisten Städte haben nämlich Zentralmarkthallen, in denen Großhandel und Kleinhandel, allerdings zeitlich und räumlich gesondert, betrieben werden. Ein Transport ist also in den meisten Fällen nur nötig von einem Stand zum andern, und eine Ersparnis an Hilfskräften ist daher sehr häufig die Folge.

In gleicher Weise ist für die Standinhaber des Kleinhandels von großem Nutzen die praktische Einrichtung der Stände, die es ihnen ermöglicht, nicht nur, wie auf dem Wochenmarkt, die Waren zu lagern, sondern auch staffelförmig auszulegen, um den Käufer mehr zum Kauf anzuregen. Von besonderem Vorteil ist die äußerst praktische Einrichtung der Fischstände zum Verkauf von lebenden Fischen, für die, allerdings abgesehen von dem Wassergeld, auch ein höheres Standgeld als für andere Stände zu zahlen ist.

Die Herstellung ferner der Stände und des Fußbodens aus Eisen bezw. Fliesen macht eine Reinigung der Stände leicht möglich.

Dem aufmerksamen Beobachter wird es auffallen, daß alle diese angeführten Vorteile für den Kleinhändler in den Markthallen nur von geringer Bedeutung sind, wenn man sie zum Beispiel mit den Vorteilen vergleicht, welche die Markthallen dem Großhandel zu bieten vermögen. Soll ein Kleinhändler gute Geschäfte machen, so muß die Lage des Geschäftes so sein, daß es den Kunden auffällt, und umsomehr ist das notwendig, je weniger Reklame gemacht wird. Die Kleinhändler müssen ferner in der Lage sein, die Waren möglichst billiger und besser zu kaufen als der Konkurrent und müssen sie möglichst in der Nähe ihres

Verkaufsortes erlangen können. Die Räume müssen so sein, daß das Publikum wegen der glänzenden und schönen Ausstattung gern kauft, und diese Anforderung müßte an die Markthallen umsomehr gestellt werden, als das Publikum durch die Ladengeschäfte, was Ausstattung, Bedienung und Kulanz betrifft, geradezu verwöhnt wird. Schließlich muß jeder einzelne Kleinhändler einen bestimmten Kundenkreis haben, der möglichst sein Geschäft allein als Bezugsquelle betrachtet, in gewisser Weise also von ihm abhängig ist, und umsomehr trifft das bei Lebensmittelgeschäften zu, als die Hausfrau einerseits durch ihre vielen kleinen Pflichten oft verhindert ist, den Tag nach ihrem Belieben von vornherein für gewisse Verrichtungen einzuteilen; andererseits sich gerade ein Einkauf von Lebensmitteln viel weniger aufschieben läßt als der anderer Waren. So ist die Hausfrau schon durch die Verhältnisse gezwungen, möglichst das nächstgelegene Lebensmittelgeschäft beim Einkauf zu berücksichtigen.

Sehen wir nun, inwieweit die Markthallen sich diesen Bedürfnissen der Kleinhändler anpassen. Die meisten Markthallen Berlins liegen auf Hinterland und sind nur durch Durchfahrtswege mit den Verkehrsstraßen verbunden. Wegen der hohen Kosten ist es nicht möglich, an den gewohnten Wochenmarktsplätzen überall Markthallen zu errichten. So ist ein Teil der Besucher darauf angewiesen, sich anderwärts zu versorgen, und tut das um so lieber, als die neu entstandenen Ladengeschäfte ihm alle Vorteile bieten.

Auch ferner wohnende Konsumenten könnten die Markthallen nur für die Standinhaber gewinnen, wenn die Preise so niedrig wären, daß Unkosten, die durch Straßenbahnfahrkarten, Zeitverlust u. s. w. entstehen, durch die den Ladengeschäften gegenüber bedeutend niedrigeren Preise ausgeglichen würden. Denn ein Zeitverlust bringt der Hausfrau der weniger kaufkräftigen Klasse, die fast stets durch Heimarbeit den Verdienst des Mannes zu erhöhen trachtet, einen beträchtlichen Ausfall am Verdienst. Wesentlich billigere Preise könnten die Standinhaber aber nur stellen, wenn sie billiger einkaufen könnten, als die Ladeninhaber, und weniger Unkosten hätten.

Da die Bezugsquelle beider Parteien im allgemeinen jedoch der Großhändler oder der Kaufvermittler in der Markthalle ist, sind die Einkaufspreise für beide dieselben. Der Unterschied zwischen Markthallen- und Ladenpreisen kann also, wenn er überhaupt vorhanden ist, nur von geringeren Unkosten der Standinhaber herrühren, deren Hauptfaktor doch die Miete ist. Nehmen wir nun an, daß die Miete für einen Gemüseladen in der Stadt durchschnittlich 500 bis 700 Mk. beträgt, so müssen demgegenüber die Standinhaber bezahlen, den Stand zu 5 qm gerechnet:

in Frankfurt a. M.	243 Mark
in Berlin	540 „
in Köln, Leipzig und Breslau	360 „
in Dresden	270 „

dazu kommt noch das Lagergeld für die nicht verkauften Waren, das für 3 qm in den Keller- und Lagerräumen in Breslau und Dresden 50 Mk., für 1 qm in den Kühlräumen in Breslau 240 Mk. und in Dresden 96 Mk. beträgt, sodaß der Standinhaber bei dieser gewiß nicht hohen Platzberechnung an Miete zu zahlen hat in Breslau 650 Mk., in Dresden 416 Mk. Groß ist der Unterschied zwischen Ladenmiete und Standgeld also in keiner Stadt; infolgedessen können die Preise auch nur um ein geringes billiger sein als die Ladenpreise, vorausgesetzt, daß größerer Umsatz oder vermehrte andere Unkosten auf der einen oder anderen Seite ihren Einfluß nicht geltend machen.

Immerhin wäre trotzdem ein Gedeihen der Bezirksmarkthallen zu ermöglichen, wenn sie den übrigen beiden Hauptanforderungen an ein Detailgeschäft entsprächen. Hier aber gerade, in dem ganzen Wesen der Bezirksmarkthallen ist es begründet, daß sie dem Standinhaber nie die Vorteile zu bieten vermögen, wie die Ladengeschäfte. In ihrer Ausstattung lassen sie nämlich alles vermissen, was die Kauflust anregen könnte. Ein Vergleich eines Metzgerstandes in der Markthalle mit einem Metzgerladen zeigt das zur Genüge.

Und schließlich verstoßen sie ja vollständig gegen die

Forderung, die Konkurrenz möglichst auszuschalten. Im Gegenteil, eine Menge mit einander konkurrierender Verkäufer ist in der Markthalle angewiesen auf einen oft weit verstreuten Kundenkreis, von denen durch den kleinsten Anlaß mancher verhindert werden kann, den langen Weg zur Markthalle zu machen. Nur dort kann man also für die Standinhaber des Kleinhandels ein einigermaßen rentables Geschäft erwarten, wo ein dichter Umkreis weniger kaufkräftiger Kunden wohnt, bei dem der einzige Vorteil der Bezirksmarkthalle den Ladengeschäften gegenüber, die wenig niedrigeren Preise, ausschlaggebend ist.

Man wende hier nicht ein, daß das räumliche Beisammensein der Händler doch die Geschäfte auf dem Wochenmarkt nicht gestört habe. Für das Gedeihen des Wochenmarktes spricht zu sehr die immer wieder sich zeigende Vorliebe des Publikums für offene Märkte mit, die, wie oben gezeigt, in psychischen Eigenarten der Besucher begründet ist. Daneben ist nicht unerheblich, daß das Standgeld niedriger ist, und daß sich die Verkäufer gerade in dem regellosen Treiben des Wochenmarktes, wo man nicht immer die strenge Polizeiaufsicht der Markthalle spürt, vollständig frei fühlen.

Im übrigen ist es auch durchaus noch nicht gesagt, daß die Wochenmärkte sich überall in gleicher Weise weiterentwickelt haben würden, wie es in den letzten Jahrzehnten des 19. Jahrhunderts bis zur Errichtung der Markthallen der Fall war. Es hat sich eben der ganze Betrieb im Lebensmittelhandel vollständig geändert durch das mächtige Aufblühen der Ladengeschäfte, das zum Teil mit zurückgeführt werden kann auf das steigende Volksvermögen; denn immer mehr zeigt sich beim kaufkräftigen Publikum die Tendenz, die Waren möglichst gut und bequem, wenn auch zu etwas erhöhten Preisen, zu erlangen. Und dem minder kaufkräftigen Publikum ist am besten durch den Straßenhandel gedient, der seinen Ansprüchen zu billigen Preisen und mit derselben Bequemlichkeit genügen kann. Der Markthallenkleinhandel ist dadurch vollständig ausgeschaltet und findet das Kontingent seiner Besucher nur unter den Leuten, die in der Nähe der Markthallen wohnen und aus irgend einem Grunde den Straßenhandel als Bezugsquelle meiden, oder aus denen, die aus lauter Gewohnheit zum Markt gehen.

Ein rentables Geschäft können also die Standinhaber der Bezirksmarkthallen nicht erhoffen, weil es in dem Wesen der Bezirksmarkthallen hauptsächlich begründet ist, daß sie Käufer nicht an sich zu ziehen vermögen. Dazu kommt noch, daß die Markthallen den Verkäufern Unannehmlichkeiten auferlegen, von denen sie beim freien Betriebe des Wochenmarktes verschont waren. Während sie früher von ihrer in der Regel an der Peripherie der Stadt gelegenen Wohnung gewöhnlich nur dreimal die Woche zum Markte kamen und die Waren nur bis Mittag ausboten, müssen sie jetzt Tag für Tag von morgens bis abends in der Markthalle ihre Waren feilhalten. Außer der Ausdehnung des anstrengenden Geschäfts auf den ganzen Tag ist ihnen dadurch die Möglichkeit genommen, wie sie es früher pflegten, nachmittags in ihren Gärten zu arbeiten oder in den Dörfern aufzukaufen oder irgend einem anderen Nebenverdienst nachzugehen. Dazu kommt, daß sie jetzt immer lange Wege bis zur Markthalle zurücklegen müssen, was den oft alten Leuten nicht mehr gut möglich ist. Sie sind infolgedessen oft gezwungen, ihr Häuschen vor der Stadt gegen eine Mietwohnung „umzutauschen", der ländliche Betrieb muß wegfallen, und die oft großen Abfälle an Gemüse, die sie früher zum Viehfutter verwenden konnten, sind für sie wertlos. Ihnen muß also der Stand in der Markthalle außer dem gleichen Verdienst wie auf dem Wochenmarkt noch diese kleinen Nebenverdienste aufbringen, was ihm bei der größeren Ungeeignetheit gar nicht möglich ist.

Dazu kommt noch, daß der Handel in den Markthallen durch die Polizeiaufsicht, die schärfere Nahrungsmittelkontrolle und bestimmte Vorschriften der Marktordnung ihnen eine Beschränkung auferlegt, die die an äußerste Freiheit gewöhnten Verkäufer um so mehr empfinden. Hierhin gehört z. B. das Schließen der Hallen in den Mittagsstunden, die Bestimmungen über die Lagerung der Waren in den Lager- und Kühlräumen und über die Reinhaltung der Stände, ferner die Bestimmung, daß die Stände, wenn sie von dem Abonnementstandinhaber nicht benutzt werden, an andere vermietet werden können, was dann zu Unzuträglichkeiten führt für den Abonnementsstandinhaber, der sein Recht geltend macht, und für den vorläufigen Inhaber, der auf diese Weise oft den Stand zwei- bis dreimal wechseln muß.

Schließlich ist noch die bedeutend verschärfte Konkurrenz zu erwähnen, die den Standinhabern von Grossisten gemacht wird, die in der Markthalle im Kleinverkauf ihre Filialen haben.

Unsere Meinung über die Bedeutung der Markthallen für den Hallenkleinverkauf möchten wir folgendermaßen zusammenfassen: Die Markthallen haben in ihrer technischen Einrichtung für den Kleinhandel gewisse Vorteile, die jedoch von den Nachteilen bedeutend überwogen werden, welche ihren Grund hauptsächlich in dem Wesen der Markthallen und der notwendigen Beschränkung des freien Markthandels haben.

§ 19. Bedeutung für den Laden- und Straßenhandel.

Für den Ladenhandel macht sich die Wirkung der Markthallen in zweifacher Weise geltend. Wir haben hier zu unterscheiden zwischen der Einwirkung auf die Geschäfte mit gleichen Verkaufsgütern wie die Markthallen und der auf andere Geschäfte.

Auf die Gemüse-, Fisch- und Metzgergeschäfte sind die Markthallen wiederum von verschiedenem Einfluß. Wir sahen oben schon, daß eben durch das Vorhandensein von Markthallen die Gemüsegeschäfte sehr gefördert worden, und daß gerade diese neu entstandenen Unternehmungen die schlimmsten Konkurrenten der Standinhaber sind. Es ist verwunderlich, dabei trotzdem stets den offenen Widerwillen zu bemerken, den die Gemüsehändler vor der Errichtung der Markthallen diesen entgegenbringen. Offenbar ist es Unkenntnis und Unfähigkeit, die neu entstehenden Verhältnisse zu übersehen. Die Antworten, die auf die Anfragen der Kammer für Kleinhandel in Bremen von Kolonialwaren- und Gemüsegroßhändlern der Nahrungsmittelbranche und den Konditoren eingingen, richteten sich ohne Ausnahme teilweise in recht scharfer Weise gegen die Errichtung von Markthallen, befürwortet wurden sie nur von den Hotelbesitzern. Ein Grund zur Furcht vor Konkurrenz ist aber nicht vorhanden, wie die Praxis gezeigt hat und noch täglich zeigt*). Im Gegenteil, die Gemüsegeschäfte haben so gute Gelegenheit, sich täglich mit frischen Waren zu versorgen, ohne von einem bestimmten Großhändler abhängig zu sein, und außerdem liegt die Möglichkeit nahe, die Waren wegen der Konkurrenz der Großhändler und des städtischen Kaufvermittlers billiger zu bekommen.

Insofern allerdings erschwert die Markthalle den Ladenhandel in Gemüse, als durch die Veröffentlichung der Markthallenpreise eine genaue Kontrolle der Ladenhändler durch das Publikum möglich ist. Den besten Beweis aber, wie wenig die Markthallen den Gemüsehändlern auch in dieser Beziehung schaden, liefert die Tatsache, daß in Berlin sogar in den

---

*) Dieser Einsicht folgte auch die Kammer für Kleinhandel in dem Beschluß ihrer Plenarsitzung, der wie folgt lautete:

Die Kammer hält den Bau einer Markthalle kombinierten Systems in Bremen für angebracht, doch glaubt sie, ihre Zustimmung von einer Reihe wichtiger Bedingungen abhängig machen zu müssen, die namentlich den Schutz der ortsangesessenen Gewerbe bezwecken:

Um eine Ausschaltung des Zwischenhandels zu verhindern, hält die Kammer es für nötig, daß für den Engroßverkauf die Einhaltung einer Mindestgrenze der zum Verkauf kommenden Quantitäten eingeführt wird, unterhalb welcher Warenquanten nicht verkauft, noch versteigert werden dürfen.

Zwecks sanitärer Kontrolle namentlich der angelieferten Fleischwaren ist in der Markthalle selbst eine tierärztliche Beobachtungsstation einzurichten.

Zwecks Verhinderung einer Zunahme des Straßenhandels, die sonst häufig eine mit der Einführung von Markthallen verbundene Begleiterscheinung ist, ist der kürzlich der Kammer vorgelegte Entwurf einer Verordnung, betreffend den Karrenhandel, zum Gesetz zu erheben, wie auch in anderen Städten (Leipzig, Dresden) mit der Errichtung von Markthallen Verschärfungen in dieser Hinsicht eingetreten sind.

Straßen rings um die Markthallen sich die Gemüsegeschäfte an Zahl und Umsatz stetig vergrößern. Der Straßenhandel allerdings, den wir schon oben als eine Folge der Errichtung von Markthallen bezeichneten, ist als Konkurrent für die Ladengeschäfte ein nicht zu unterschätzender Gegner, der jedoch durch die immer mehr auftretenden Verbote, auf Haupt- und Verkehrsstraßen zu handeln, nach und nach in solche Gegenden gelenkt wird, wo er wegen seiner Billigkeit — die besondere Güte der Waren spricht in Vierteln mit weniger kaufkräftiger Bevölkerung nicht so sehr mit — die einzig zu empfehlende Art der Unterverteilung ist. Reinlichkeit bei der durchaus notwendigen scharfen Kontrolle zu beobachten, ist in diesen Gegenden auch viel eher den Straßenhändlern möglich als den Ladeninhabern in ihren dunklen und dumpfigen Kellern.

Es ist auch durchaus nicht zum Nachteil des Ladenhändlerstandes, wenn ihm hier die Existenz streitig gemacht wird; denn die hier bedrohten Ladeninhaber sind gewöhnlich „wenig glänzende" Existenzen, verringern in ihren hier wenig angebrachten Geschäften nur die Zahl der leerstehenden Wohnungen und schrauben dadurch und durch ihre höhere Ladenmiete die Wohnungsmieten immer mehr in die Höhe. Eine Vertreibung der Gemüsegeschäfte aus diesen Gegenden gereicht daher sowohl den Konsumenten als auch dem Kleinhändlerstande selbst zum Vorteil. Andererseits kann aber nicht unerwähnt gelassen werden, daß gerade in dieser Beziehung die Markthalle dem Ladenhändler nützt; denn für diesen übernimmt der Straßenhandel die Funktion der Reklame. Unmittelbar vor den Augen des Publikums breitet er die tagtäglich erhandelten Waren mit den Verkaufspreisen an den am meisten belebten Straßenecken und -Plätzen aus und sucht die Vorübergehenden zum Kauf anzulocken. In vielen Fällen befriedigen diese dann, weil sie inbezug auf Reinlichkeit, Bedienung usw. Ladengeschäfte vorziehen, in diesen ihre Wünsche.

Die Beförderung der Waren von der bedeutend weiter als vom früheren Wochenmarkt entfernten Zentral- oder Großmarkthalle bedarf für die Ladenhändler allerdings wesentlicher Verbesserung. Beratungen darüber haben schon in verschiedenen Städten stattgefunden. Hierin scheint München am weitesten gekommen zu sein, das im Sommer 1911 schon eine Denkschrift über die zu ergreifenden Möglichkeiten angefertigt hatte, ohne jedoch u. W. bis jetzt zu einem endgültigen Beschluß gekommen zu sein.

Die Fischhändler sind insofern für uns von geringerer Bedeutung, als sich in diesem Handelszweig ohne Einwirkung der Markthallen immer mehr die Tendenz gezeigt hat, daß große Fischereigesellschaften durch zahlreiche Filialen überall ihren Fang direkt an Konsumenten verkaufen.

Wesentlich anders liegt die Sache bei Metzgern mit Ladengeschäften. Sie haben wirklich Grund, in ihrem Interesse den Bau der Markthallen zu bekämpfen; denn abgesehen davon, daß sich im allgemeinen auf den Wochenmärkten Handwerker nicht sehr am Verkauf beteiligen, wird der Verkaufsplatz gerade für die Metzgerstände, bei denen es doch so sehr auf Reinlichkeit und Ausstattung ankommt, durch die Markthallen ganz bedeutend verbessert, wenngleich hier noch viel zu reformieren übrig bleibt. Die Kauflust des Publikums wird dadurch erhöht, und das umsomehr, als die Preise gerade für Fleisch im allgemeinen eine größere Differenz gegenüber den Ladenpreisen zeigen, als die des Gemüsehandels. Durch ihren Zusammenschluß ist es den Metzgern in der Stadt möglich geworden, einen hohen Aufschlag beizubehalten. Mit den steigenden Viehpreisen erhöhten die Metzger jedesmal ihre Preise, ohne sie jedoch bei fallendem Werte des Viehes in demselben Maße herabzusetzen. Wegen ihrer Solidarität sprach bei ihnen Konkurrenz weniger mit als bei anderen Geschäften; denn der Zuzug zum Metzgergewerbe ist nicht so stark, weil die Betätigung dieses Berufes nur dem Geschmack weniger Menschen entspricht und gelernt sein muß, und weil das benötigte Geschäftskapital verhältnismäßig hoch ist.

Eine wirksame Konkurrenz entstand ihnen erst durch die Metzger in der Markthalle, die sehr häufig von auswärts hinzukamen und vor den Metzgern in der Stadt noch den Vorteil hatten, in ihrem kleinen Orte billigere Arbeitsräume und Arbeitskräfte und wegen ihrer genauen Kenntnis der ländlichen Umgegend oft auch niedrigere Einkaufspreise zu haben. So kommt es, daß der Fleischhandel in den Markthallen fast überall in Blüte steht. Noch größern Schaden können die Markthallen den Metzgergeschäften zufügen, wenn das Fleisch, wie es in Deutschland zuerst von der Stadt Chemnitz und jetzt schon von vielen Städten versucht wurde, aus Australien und Neu-Seeland eingeführt wird. Es ist dann das Fleisch ein Marktartikel, wie die Südfrüchte, allerdings mit dem Unterschied, daß nur kundige Leute es zerlegen können. Eine gewaltige Zufuhr — vorausgesetzt eine Erleichterung der Einfuhrbestimmungen — und eine genaue Kontrolle der Metzger in den Preisen seitens des Publikums wäre die Folge davon, und ein Schwanken der Viehpreise und damit eine Gelegenheit, die Fleischpreise hinaufzuschrauben, würde mehr und mehr verhindert. Die Wahrscheinlichkeit einer Einwirkung der Markthallen nach dieser Richtung hin ist sehr groß, da einerseits australisches Fleisch in den Ländern, die es früher schon eingeführt haben, sich durchaus bewährt hat, und andrerseits gerade die Markthallen wegen ihrer Gefrier- und Vorräume zu den Kühlkammern sich überaus zum Handel mit gefrorenem ausländischen Fleisch eignen.

Von einer Einwirkung der Markthallen auf Geschäfte, die nicht Lebensmittel führen, kann eigentlich nur gesprochen werden in Hinsicht auf diejenigen, die bis jetzt durch den Wochenmarktverkehr vor ihren Läden auf den Straßen oft geschädigt werden. Zwar können nach § 66 der Reichs-Gewerbe-Ordnung auch andere Dinge als Lebensmittel auf Märkten und somit auch in Markthallen verkauft werden *).

---

*) Der Bezirksausschuß in Berlin z. B. hat bestimmt, daß zu den Verkaufsgegenständen gehören: „Stoffschuhe, Pantoffeln mit Kork- und Ledersohlen, Schürzen aus Kattun und anderen billigen Stoffen, gewöhnliche Strümpfe, kleine Posamenten und Band, Zwirn und ähnliche Artikel, Abstäuber, Federbesen, Zylinderputzer, Fensterleder, Scheuertücher, Haarbesen, Handfeger, Klopfpeitschen aus Leder, gewöhnliche Hausseife, Wichse, Bürsten aus Borsten, Waschfässer, Holzeimer, Blechlöffel, Schaumschläger, Abschäumer, Kohlenlöffel, Topfdeckel von Blech,

Die Praxis zeigt jedoch, daß der Verkauf dieser Gegenstände in Markthallen weniger bedeutend ist, als es auf dem Papier aussieht. Von einem auch nur mittelmäßigen Umsatz kann man nicht sprechen, da die Ladengeschäfte hier dieselben Vorteile den Markthallen gegenüber haben wie die Gemüsehandlungen. Eine Gefahr droht also hier den Ladengeschäften nicht, ein Umstand, der der Erwähnung recht dringend bedarf, da die Ladenhändler, ohne ihre Behauptungen auf Erfahrung oder genauere Angaben zu stützen, gerade diese Tatsache sehr übertreiben.

Für den gesamten Kleinhandel in Ladengeschäften, mit Ausnahme des Fleischhandels, überwiegt der Nutzen, den die Markthallen stiften, bei weitem die äußerst geringen Nachteile. Ein Kampf gegen die Markthallen ist also zu ihrem eigenen Schaden.

Voraussetzung für diese Behauptung ist allerdings, daß die Mindestmengen, die den Großhändlern und städtischen Kaufvermittlern zum Verkauf direkt an Konsumenten freigegeben sind, so hoch festgesetzt werden, daß sie für einzelne Konsumenten oder auch für die Vereinigungen weniger zu groß sind. Eine für die Ladenhändler in dieser Beziehung sehr gefährliche Bestimmung ist z. B. die Mindestmengenbestimmung in Leipzig, nach der es auch Vereinigungen weniger Konsumenten, ja sogar einzelnen großen Familien möglich ist, ihre Bedürfnisse direkt beim Großhändler zu decken, von Gast- und Speisewirten und Inhabern von Privatmittagstischen gar nicht zu reden. In Berlin und Breslau sind die Mindestmengen wesentlich höher.

Der Straßenhandel ist durch die Errichtung von Markthallen wesentlich gefördert, ja in seiner heutigen Gestalt eigentlich erst begründet worden. Durch die reiche Zufuhr ist es ihm möglich, sich für sein geringes Geschäftskapital kleine Mengen aus den Restbeständen der Grossisten zu

---

polierte Haus- und Küchengeräte geringerer Art, Waschleinen, Markttaschen aus Hanf, Bunzlauer Geschirr und gewöhnliches Steingut, Waschwannen, Badewannen, Füllfässer und Brühfässer."

erstehen. Sind diese auch an Qualität meistens nicht den Waren der Gemüsegeschäfte gleich, so sind sie doch immerhin noch besser als die Restbestände der kleinen Gemüsehandlungen, aus denen sie sich früher versorgen mußten und zwar meistens noch zu höherem Preise.

Indirekt haben die Markthallen auch noch insofern auf den Straßenhandel gewirkt, als sie hier eine Umbildung hervorgerufen haben: mehr und mehr verschwinden die Produzenten und Höker aus dem Straßenhandel und machen unternehmungslustigen Leuten Platz. War dies in der ersten Zeit ein wesentlicher Nachteil des Straßenhandels, so kann man jetzt doch, wenigstens unter den ständigen Straßenhändlern, eine Rekrutierung aus besseren Bevölkerungsklassen feststellen.

Der Wert der Markthallen für die Stadt und für die Volkswirtschaft.

Durch die Haupt- und Zentralmarkthallen werden die Bürger der Stadt regelmäßig mit guten und billigen Waren unter möglichster Beschleunigung des Transports und Ersparung von Kosten auf bequemste Art versorgt. Die nicht mehr für die modernen Großstädte passenden Wochenmärkte verschwinden durch Errichtung der Markthallen mehr und mehr und mit ihnen alle Hindernisse, die sie für Bürgerschaft und Verwaltung mit sich brachten. Die Plätze, die bei dem unordentlichen Getriebe des Wochenmarktes einen wenig schönen Anblick gewährten, können entweder zu jeder Zeit jetzt dem Verkehr dienstbar gemacht oder mit Gartenanlagen versehen werden, die dem Bürger Gelegenheit geben, sich an dem frischen Grün, der bunten Blumenpracht und an der frischen Luft zu erquicken.

Allerdings steht ein Hauptgrund der Errichtung von Markthallen immer hindernd im Wege: die mit der Erschaffung verbundenen Kosten und die Gewißheit, daß sich das Anlagekapital bei Einbeziehung von Bezirksmarkthallen nur äußerst niedrig verzinsen kann, bei Großmarkthallen einen höheren Gewinnprozentsatz nicht abwerfen darf.

Die Ernährung der Volksmassen, ein Problem, das sich durch die Geschichte von den alten Römern an, die von ihren Herrschern schon „panem et circenses" forderten, durch das Mittelalter bis in die Neuzeit wie ein roter Faden zieht, beweist, von welcher Bedeutung für die gesamte Volkswirtschaft es ist, in unseren Groß- und Zentralmarkthallen diese Frage unserer Zeit entsprechend gelöst zu haben. Bei einer solchen Organisation, die unterstützt wird von dem stetigen Fortschritt unserer Verkehrsmittel, können Hungersnöte, wie sie früher bei Mißernten an der Tagesordnung waren, nicht mehr eintreten. Dem Volk ist Gelegenheit gegeben, sich zu jeder Zeit mit guten Nahrungsmitteln zu versorgen, und durch Einbeziehung der ganzen Welt als Produktionsgebiet werden dem Konsumenten Früchte und Erzeugnisse anderer Zonen gebracht, die ihm bisher unbekannt waren und oft einheimische Produkte, an denen Mangel herrscht, ersetzen können. Von besonderem Einfluß sind die Markthallen für die Ernährung mit Gemüse geworden, das als Nahrungsmittel nach dem Urteil sämtlicher Sachverständiger zusammen mit Fleisch eine viel gesundere Nahrung ergibt als Fleisch allein. Aus den oben angegebenen Verkehrsdaten erhellt die steigende Bedeutung der Ernährung durch Obst und Gemüse schon zur Genüge. Die Gesamteinfuhr des Deutschen Reiches aus außerdeutschen Ländern betrug darnach an Gemüse im Jahre 1910 248 338 Tonnen im Werte von 39 718 000 Mk.

Durch die Vermehrung der Zufuhr durch die Markthallen ist es dem Konsumenten möglich, einerseits für den Körper den durchaus notwendigen Wechsel in den Nahrungsmitteln herbeizuführen und andererseits schädliche Genußmittel durch das überaus gesunde Obst zu ersetzen. Wir erinnern da nur an die Verdrängung des Alkohols durch Obst und Südfrüchte.

Eine viel gesundere Ernährungsweise ist also namentlich mit auf die Markthallen zurückzuführen. Die Folgen werden sich auch in mancherlei Weise zeigen. Eine Gesundung der Volkskraft tritt ein. Die durchschnittliche Lebensdauer wird länger und die Säuglingssterblichkeit nimmt ab: alles Vorteile, die außer durch die bessere Hygiene in den Großstädten nicht zum geringsten Teil durch eine reichlichere und gesunde Ernährung bewirkt wird.

Aber auch eine andere wichtige Frage unserer Zeit helfen die Markthallen lösen: die Überbrückung der Klassengegensätze. Man denke nur daran, welch großen Einfluß eine ungenügende Ernährungsweise auf die Gemütsstimmung des Menschen ausübt, und wie gerade die Markthallen durch die reichliche Zufuhr es bewirkt haben, daß der Lohn der Arbeiter nun auch leichter zu einer besseren Ernährung verwendet werden kann. Die Unzufriedenheit des Menschen mit seinem Schicksal, die gerade ein Mangel an körperlichem Wohlbefinden nur zu leicht herbeiführt, wird infolgedessen nun so weit wie möglich verhütet.

Und ein anderes haben Markthallen in dieser Frage bewirkt. Sie gaben durch Einbeziehung der ganzen Welt in das Verbrauchsgebiet der Stadt auch den weniger bemittelten Klassen der Bevölkerung Gelegenheit, sich für geringes Geld Genüsse zu verschaffen, die früher sich nur ihre reichen Mitbürger erlauben konnten.

Die Verbitterung der ärmeren Klassen gegen ihre besser gestellten Mitmenschen heben die Markthallen also zu ihrem Teil auf. Wenn man in dieser Beziehung allerdings gegen früher dennoch keine Verbesserung feststellen kann, so sprechen hier unzweifelhaft die wesentlich größeren Anforderungen mit, die von beiden Parteien ans Leben gestellt werden. Mit Recht aber glauben wir behaupten zu können, daß ohne die durch die Markthallen herbeigeführte stetige gesunde und billige Ernährung der Gegensatz entschieden noch viel größer wäre.

Kurz, alle Vorteile einer zweckentsprechenden Ernährung sind zum großen Teil auf das Konto der Markthallen zu setzen. Leider wird das nur allzu wenig anerkannt. Es würde sonst einer guten Organisation unseres Lebensmittelverkehrs seitens der Staats- und Stadtverwaltungen sicher bedeutend mehr Interesse entgegengebracht werden, als es tatsächlich geschieht.

Tabellen.

Die Markthallen deutscher Städte.

Tabelle I.

Städte	Einwohnerzahl am 1. 12. 1910	Lage der Markthallen	Art	Eröffnungstag	Größe der benutzten Fläche qm	Größe der Stand-Fläche qm	Grunderwerbskosten M.	Baukosten u. Kosten für innere Einrichtung M.	Gesamtsumme der Kosten M.	Bemerkungen
Aschaffenburg	29 831		Zentr.-M.			1499				
Berlin: Markth. I	2 070 695	C. Neue Friedrichst. 24/26	Zentr.-M.	3. V. 1886	11 600	E. 4012,4 G. 1261,9	2 720 808	2 416 120	5 136 928	
" Ia		" " 29/34	Haupt-M.	1. VII. 1893	9 934	E. 36 119 m G. 1010,4	2 906 222	2 241 743	5 147 965	
" II		S.-W. Lindenstr. 97/98 und Friedrichstr. 18	Bez.-M.	3. V. 1886	7 385	3 031	1 370 000	1 723 742	3 093 742	Besonders Blumenhand.
" III		S.-W. Zimmerstr. 90/91 u. Mauerstraße 82	" "	3. V. 1886	—	2 010	850 600	659 574	1 510 174	31. III. 1910 geschlossen
" IV		N.-W. Dorotheenstr. 29 u. am Reichstagsufer 11	" "	3. V. 1886	2 990	14 913	1 250 000	798 300	2 048 300	Saison-Obst-Großhandel
" V		W. Magdeburger Platz	" "	21. XI. 1887	1 809	859,2	93 240	356 428	449 668	etwas Großhandel
" VI		N. Ackerstraße 23/26 und Invalidenstraße 158	" "	2. II. 1888	—	1193,9	620 000	568 720	1 188 720	
" VII		S. Dresdenerstraße 27, Bukowerstraße 15 und Luisenufer 15/16	" "	23. V. 1888	3 263	1535,8	985 400	743 433	1 728 833	
" VIII		O. Andreasstraße 56, Krautstraße 48a und Grüner Weg 96	" "	1. V. 1888	3 755	1781,4	835 000	661 193	1 496 193	
" IX		S.-O. Pücklerstraße 43/44 und Eisenbahnstr. 42/43	" "	1. X. 1891	2 686	1300	621 090	596 462	1 217 552	
" X		N.-W. Arminiusplatz	" "	1. XII. 1891	5 478	1627,2	439 040	824 790	1 263 830	
" XI		S.-W. Marheineckeplatz	" "	15. III. 1892	—	1112	77 125	501 489	578 614	
" XII		N. Grüntalerstraße 3/4 und Badstraße 10/10a	" "	8. II. 1892	5 170	1485,6	391 345	635 827	1 027 172	1. IV. 1898 geschlossen
" XIII		N. Wörterstraße 45 und Treskowstraße 11	" "	1. VII. 1892	7 100	1587,5	400 575	778 136	1 178 710	30. VI. 1910 geschlossen
" XIV		N. Reinickendorferstr. 2d/e Dalldorferstraße 21/22	" "	1. IX. 1892	5 140	1451,6	450 000	659 154	1 109 154	

Die Markthallen deutscher Städte.

Städte	Einwohnerzahl am 1. 12. 1910	Lage der Markthallen	Art	Eröffnungstag	Größe der benutzten Fläche qm	Größe der Stand-Fläche qm	Grunderwerbskosten M.	Baukosten u. Kosten für innere Einrichtung M.	Gesamtsumme der Kosten M.	Bemerkungen
Braunschweig	143 534	Am Hagenmarkt	Zentr.-M.	1. X. 1897	—	1870	250 000	385 000	635 000	
Breslau Markth. I	511 891	Ritterplatz	" "	X. 1908	3776 } ohne Nebengebäud.	1416,28	718 780	1 250 000	1 968 780	
" II		Friedrichstraße	" "	X. 1908	3500 } ohne Nebengebäud.	1421,60	272 430	1 503 000	1 775 430	
Chemnitz	287 340	An der westlichen Grenze des Stadtzentrums	" "	9.XII. 1891	5 380	1970	160 000	537 759	696 759	
Cöln, Markth. I	516 167	Heumarkt	" "							
" II		Severinstraße	Bez.-M.	5. XI. 1886	1 480	669,1	200 000	108 938	308 938	
Colmar	43 808					800				
Danzig	170 347	Dominikanerplatz	Zentr.-M.	9.VIII.1896	1 973	848,9	40 000	409 823	449 823	
Dresden, M. I	546 882	W. Wettinerstraße und Weißeritzstraße	vorwiegend Haupt-M.	9.XII.1895	9 582	3120	Vom Staatsfiskus geschenkt	1 434 800	1 434 800	
" II		Antonsplatz	Bez.-M.	17. XII. 1893	4 587	E. 1593,7 G. 950,4		1 000 700	1 000 700	
" III		Dresden-Neustadt	" "	7. X. 1899	2 580	E. 1180 G. 720		600 000	600 000	
Frankfurt a.M. I	414 598	An der Hasengasse 10	Zentr.-M.	10.II.1879	3 971	E. 1769,5 G. 845,5	735 000	765 000	1 500 000	
(Lederhalle) II		Trierische Gasse	" "	1883	1 260	2695 nebst Platz zum freien Verk.	440 000	135 000	575 000	
III		Börnestraße	" "	1. XI. 1899	1 204		—	36 580	—	
Halberstadt	56 455					472,87			299 000	
Hannover	302 384	Im Zentrum, zwischen Kobelinger-, Grupen- und Leinstraße.	" "	18. X. 1892	5 182	E. 1520 G. 924	785 646	1 096 083	1 881 729	
Königshütte	72 642					2946,9			711 629	
Leipzig	587 635	Im Zentrum, Roßplatz	" "	6. V. 1891	8 745	E. 3033,1 G. 1459,5	1 558 674	2 230 778	3 789 452	
Lübeck	98 620			1.VIII.1895	1 209,7				1 011 186	
Metz, 2 Markth.	68 445			1831 1884	1 740				266 400	
Nürnberg, M. I	332 651	Mitte der St., Trödelmarkt	" "	24 IV.1857	518	E. 200 G. 152	58 330	146 128	204 458	
" II		Hauptmarkt	" "	1897	432					
Remscheid	72 176								27 000	
Saarbrücken	105 097				850				221 800	
Straßburg, W.-M.	178 913	Alt. Bahnh., (Kleberstaden)	" "	30.VI.1885	5 500				739 000	
Neue Halle		Kaufhausgasse	" "	1899	1 870	Keller 450			173 000	
Stuttgart	285 589	Mitte der Stadt	" "	V. 1865	1 600	E. 1600	Geschenk Kaiser Wilhelms I.			

Erklärung der Abkürzungen: Zentr.-M. = Zentral-Markthalle. Bez.-M = Bezirks-M. = E. Erdgeschoß. G. = Galerie.

Tabelle II.

Besetzung der Fleischerstände des Großmarktes in den Berliner Zentral-Markthallen von 1904—1907.

Monat	1907/08 Von 525* qm besetzbarer Fläche waren vergeben			Unbesetzt blieben	1906/07 Von 525* qm besitzbarer Fläche waren vergeben			Unbesetzt blieben
	im Abonnement	tageweise durchschnittlich abgerundet	zusammen		im Abonnement	tageweise durchschnittlich abgerundet	zusammen	
	qm	qm	qm	qm	qm	qm	qm	qm
April . . .	525,0	125,0	650,0	—	525,0	70,5	595,5	—
Mai	525,0	148,5	673,5	—	525,0	93,7	618,7	—
Juni . . .	520,9	136,3	657,2	—	525,0	90,7	615,7	—
Juli	525,0	140,8	665,8	—	517,5	81,0	598,5	—
August . .	525,0	128,0	653,0	—	525,0	88,2	613,2	—
September .	525,0	126,5	651,5	—	525,0	84,6	609,6	—
Oktober . .	525,0	134,5	659,5	—	525,0	100,2	625,2	—
November .	525,0	136,0	661,0	—	525,0	102,6	627,6	—
Dezember .	525,0	130,3	655,3	—	525,0	104,9	629,9	—
Januar . . .	525,0	140,4	665,4	—	520,9	126,0	646,9	—
Februar . .	525,0	125,8	650,8	—	525,0	130,1	655,1	—
März . . .	525,0	136,5	661,5	—	525,0	142,5	667,5	—

Monat	1905/06 Von 475* qm besetzbarer Fläche waren vergeben			Unbesetzt blieben	1904/05 Von 475* qm besitzbarer Fläche waren vergeben			Unbesetzt blieben
	im Abonnement	tageweise durchschnittlich abgerundet	zusammen		im Abonnement	tageweise durchschnittlich abgerundet	zusammen	
	qm	qm	qm	qm	qm	qm	qm	qm
April . . .	473,0	79,9	552,9	—	473,0	52,3	525,3	—
Mai	473,0	87,7	560,7	—	473,0	65,5	538,5	—
Juni . . .	473,0	71,9	544,9	—	473,0	64,7	537,7	—
Juli	473,0	72,9	545,9	—	473,0	60,7	533,7	—
August . .	473,0	76,9	549,9	—	468,7	67,7	536,4	—
September .	473,0	77,2	550,2	—	473,0	68,7	541,7	—
Oktober . .	473,0	85,3	558,3	—	473,0	74,9	547,9	—
November .	473,0	78,7	551,7	—	473,0	73,0	546,0	—
Dezember .	473,0	80,5	553,5	—	473,0	77,7	550,7	—
Januar . .	525,0†	97,5	622,5	—	473,0	81,6	554,6	—
Februar . .	525,0	97,7	622,7	—	473,0	83,4	556,4	—
März . . .	525,0	91,9	616,9	—	473,0	90,2	563,2	—

*) Der Überschuß der besetzten über die zur Besetzung vorhandene Fläche erklärt sich durch mehrfache Vergebung von Abonnementsständen und freien nicht katastrierten Räumen gegen Tagesmarken.

†) Vom Januar 1906 trat eine Fläche von 52 qm besetzbarer Fläche hinzu.

Tabelle III.

Verteilung der Standinhaber auf dem Elberfelder Wochenmarkt nach ihrem Berufe.

Berechnet nach Tab. V: Landsberg, Der Elberfelder Wochenmarkt.

Monat	Händler mit Lebensmitteln	Händler mit sonstigen Gegenständen	Händler zusammen	Landwirte	Gärtner	Produzenten zusammen	Bäcker	Metzger	Handwerker	Summe der Standinhaber
Oktober 1900 .	32	6	38	30	24	54	1	—	1	93
November . . .	16	—	16	5	8	13	—	—	—	29
Dezember . . .	12	1	13	1	8	9	—	1	1	23
Januar . . 1901	6	1	7	5	2	7	—	—	—	14
Februar . . .	7	1	8	3	5	8	—	—	—	16
März	10	—	10	1	5	6	—	—	—	16
April	3	—	3	—	8	8	—	—	—	11
Mai	8	—	8	1	5	6	—	—	—	14
Juni	11	—	11	2	9	11	—	—	—	22
Juli	14	2	16	3	17	20	—	—	—	36
August	16	1	17	3	25	28	—	—	—	45
September . .	33	4	37	6	17	23	7	6	13	73

Dazu kommen noch aus entfernter liegenden Gebieten im Oktober 1900 Standinhaber:

„ November, Dezember, Februar, März, April, Mai je 1 Standinhaber;

„ Januar, Juni, Juli und September kein Standinhaber;

„ August 2 Standinhaber.

Da diese ihren Berufen nach nicht geschieden sind, wird man wohl nicht fehlgehen, wenn man sie als Aufkäufer, somit als Händler bezeichnet.

Tabelle IV.

Besetzung der Stände auf dem Danziger Wochenmarkt.

Wochentag	Juli 1899								Januar 1900							
	Halle		Keller *)		Freie Stände†		Zusammen		Halle		Keller *)		Freie Stände†)		Zusammen	
	Produzenten	Händler	Produzenten	Händler	Produzenten	Händler	Produzenten	Händler	Produzenten	Händler	Produzenten	Händler	Produzenten	Händler	Produzenten	Händler
Sonntag . . .	3	72	—	—	—	—	3	72	2	66	—	—	—	—	2	66
Montag . . .	3	91	—	—	—	—	3	91	2	65	—	—	—	—	2	65
Dienstag . . .	4	94	—	—	—	—	4	94	2	88	—	—	—	—	2	88
Mittwoch . .	6	156	—	—	45	173	51	329	3	140	—	—	6	31	9	171
Donnerstag . .	4	98	—	—	—	—	4	98	2	102	—	—	—	—	2	102
Freitag	5	153	—	—	—	—	5	153	2	142	—	—	—	—	2	142
Sonnabend . .	26	231	—	81	96	318	122	630	27	234	—	85	61	149	88	468

Bemerkungen: *) Bezieht sich auf die im Keller eingerichteten Aushilfsstände.

†) Bezieht sich auf die Stände auf dem freien Platz vor der Halle.

Entwicklung der Markthallen und die Folgen ihrer Errichtung.

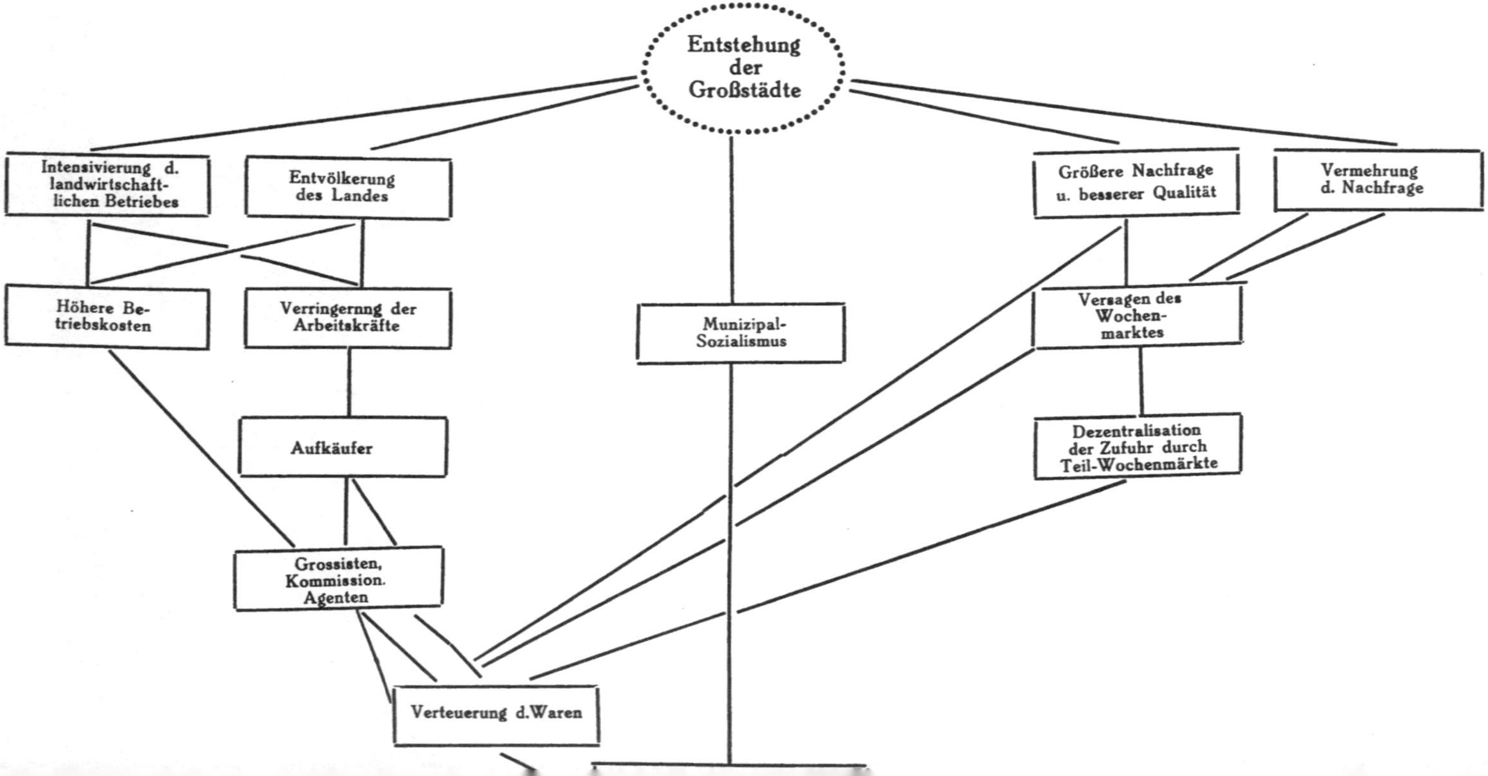

der Stadtbehörden
Aufhebung der Wochenmärkte
Einrichtung von gedeckten Wochenmärkten
Marktkallen
Hauptmarkthallen
Zentral-Markthallen
Bezirks-Markthallen
Straßenhandel
Vermehrung der Ladengeschäfte
Versagen der Bezirks-Marktallen
Aufblühen des Großhandels
Schärfere Kontrolle
Vergrößerung der Zufuhr
Billigere und gesundere Ernährung der Bevölkerung

in der Tabakbranche bildet einen weiteren wichtigen Teil der Untersuchung, und eingehend schildert sie dann die Umwandlung in der Schuhwarenbranche, die infolge dieser Massenfilialbetriebe dort im Gange ist. Stets wird die Entstehung und Ausbreitung der Betriebe erörtert, ihre innere Organisation dargestellt, ihre Kalkulation beleuchtet, besonders auch ihr Wirken nach innen, gegenüber dem eigenen Personal, wie nach außen, innerhalb der betreffenden Branchen. Ein vierter Abschnitt schildert das Filialsystem der Waren- und Kaufhäuser.

Der letzte Teil der Schrift zeigt die ganze Entwicklung im Rahmen der Volkswirtschaft. Nachdem die Tatsachen durch die statistischen Ermittlungen ergänzt sind (für das Reich, einzelne Städte, eine wichtige Geschäftsstraße, Ausland), folgt die gedankliche Ausbeute der Untersuchung: Das Filialsystem erscheint als eine Ergänzung der andern großen Neuorganisationstendenzen der Volkswirtschaft; es wandelt die Konkurrenz im Handel um, wird ein gefährlicher Mitbewerber der Konsumvereine und ist sozialpolitisch von sehr verschiedenartiger Wirkung. Die Schrift schließt mit dem Nachweise, daß alle künstlichen Hemmungsmaßnahmen gerade gegenüber dieser neuen Großbetriebsform versagen müssen; versöhnend wirkt aber die Tatsache, daß innerhalb dieser Handelsgroßbetriebe die Entwicklung bei den Angestellten zur Erhöhung der Leistungsfähigkeit, Auslese der Besten und neuer Sicherung ihrer Existenz führt.

Inhaltsangabe.

A. Marcus und E. Webers Verlag Bonn a. Rhein

B. Das Filialsystem in der Organisation der Volkswirtschaft.

I. Grundsätzliche Bedeutung

II. Bedeutung für die Produktion

a) Für Organisation und Standort. b) Für die Personenschichten der Industrie. c) Bei Konzentrationen der Produktion (Filialwesen und Trust)

III. Bedeutung für den Großhandel

IV. Bedeutung im Gesamtdetailhandel

a) Organisatorisch (Grenzen des Filialsystems?)
b) Veränderung des Wettbewerbs
c) Anpassung an die neuen Betriebsformen (Kapitalistischer Filialbetrieb oder Konsumverein?)
d) Abwehrbewegung und Gegenwirkung

V. Bedeutung für die Konsumenten

C. Sozialpolitische Bedeutung der Filialsystems.

I. Mittelstandsproblem und Filialwesen

a) Zur Prinzipienfrage. b) Die Grundforderung der Mittelstandsbewegung. c) Ist ein Filialverbot durchführbar?

II. Filialwesen und Angestellte

a) Klasseninteresse der Angestellten. b) Die wachsende Differenzierung im Angestelltenstande u. die Stellung der Filialleiter
c) Der Filialwucher

Schlußwort.

Anhänge: I. Zur Statistik der Filialbetriebe. II. Auszug aus einem Kontrollbuche. III. Warenhaus - Filialabrechnung IV. Warenhaus-Organisation (graph. Darstellung). V. Zum Filialwucher (Bilanz-Auszug)

Erschienen sind ferner:

Heft II. Wlad. W. Kaplun-Kogan, **Die Wanderbewegungen der Juden.** **Subscriptionspreis 3.60 M. Einzelpreis 4 M.**

Das Buch behandelt die Wanderbewegungen der Juden von ihren ersten Wanderungen bis in die Gegenwart hinein und zwar im Zusammenhange mit der Lage der Juden in den Ländern, die sie auf ihren Wanderungen berührten. Die überseeische Auswanderung der Neuzeit hat eine besonders ausführliche Darstellung gefunden, wobei vor allem die amtliche amerikanische Statistik benuzt wurde. — Es war die vornehmlichste Aufgabe des Verfassers, die Hauptrichtungen und Tendenzen der jüdischen Wanderbewegungen der Vergangenheit und der Gegenwart darzustellen.

Heft III. H. Schmid-Burgk, **Der Wartestand nach deutschem Beamtenrecht.** **Subscriptionspreis 1.60 M. Einzelpreis 1.80 M.**

Der Zweck dieser Abhandlung ist es, das in sämtlichen deutschen Beamtengesetzen über den Wartestand (die „Zur Dispositionsstellung") enthaltene Material möglichst lückenlos zusammenzustellen und damit eine Übersicht über die Voraussetzungen und Wirkungen des W. nach deutschem Recht zu geben. — Der erste Teil beschäftigt sich mit der Versetzung in den Wartestand, mit ihren Motiven und den Normen über den Beginn. — Der zweite Teil behandelt die rechtliche Stellung des Wartebeamten und die außerordentlich eingehenden Bestimmungen über das Wartegeld. — Der dritte Hauptteil stellt kurz die Endigung des Wartestandes dar. — In einem Anhang befinden sich die Bestimmungen über die Richter der ordentlichen Gerichte.

In Vorbereitung befinden sich:

E. Reinhardt, **Die Kupferversorgung Deutschlands und die Entwicklung der deutschen Kupferbörsen.**

Die Arbeit gibt einen weltwirtschaftlichen Überblick über Gewinnung und Verbrauch des Kupfers unter besonderer Berücksichtigung der von der elektrischen Industrie ausgehenden Einflüsse. Sie behandelt ausführlich die Organisation der deutschen Kupferversorgung und ausgehend von der Londoner und New-Yorker Kupferbörse die Entstehung, die Organisation, die Geschäfte und die Erfolge der Berliner und Hamburger Kupferbörse. Die Geschäfte werden auch nach ihrer technischen Seite hin berücksichtigt.

Bruno Kuske, **Die städtischen Handels- und Verkehrsarbeiter und die Anfänge der städtischen Sozialpolitik in Köln** bis zum Ende des 18. Jahrhts.

Diese Abhandlung beruht auf einem umfangreichen bisher noch unerschlossenen archivalischen Material und berücksichtigt überhaupt ein von der wirtschaftshistorischen und nationaloekonomischen Forschung noch sehr wenig bearbeitetes Gebiet. Der Verfasser untersucht die sozialen, sowie die finanz- und handelspolitischen Ursachen zur Entstehung einer Arbeiterschaft, die sich von allen anderen zuerst entwickelt hat. Er gibt ein ausführliches Bild ihrer Gliederung, ihrer wirtschaftlichen Lage, ihrer Organisation und ihrer Genossenschaften, und schildert namentlich auch das verhältnismäßig frühzeitige Vorgehen der Kölner Stadtverwaltung mit Alters-, Invaliditäts-, Witwen- und Waisenversorgung für ihre Arbeiter.

H. Krüer, **Die Markthallen und ihre Hilfskräfte als Faktoren der Lebensmittelversorgung in unseren Großstädten.**

Die Darstellung beruht namentlich auf den persönlichen Erfahrungen des Verfassers und sucht die bisher sehr lückenhafte und einseitige Literatur über die Lebensmittelversorgung der Städte wesentlich zu ergänzen, die entweder nur die Fleischversorgung oder die Bautechnik der Markthallen berücksichtigte. Der Verfasser schildert daher unter Erfassung des Typischen die Entwicklung der Hallen in Paris, London, Wien, Berlin und den übrigen größeren deutschen Städten und zwar auf ihren allgemeinen wirtschaftlichen und hygienischen Grundlagen. Das Schwergewicht der Arbeit liegt dabei auf der technischen Einrichtung der Hallen, den Anforderungen an Lage und Größe und der inneren Ausstattung auf der Organisation und den mannigfachen Arten des Hallenhandels und auf der kommunalpolitischen Seite Verwaltung und finanzielle Ergebnisse. Ein Schlußteil würdigt die Hallen im Hinblick auf die an ihrem Betrieb besonders interessierten wirtschaftenden Kreise. Konsumenten, Produzenten, den Handel inner- und außerhalb der Hallen, das städtische und allgemeine Wirtschaftsleben.

Kurt Rein, **Die Konkurrenzmöglichkeiten der deutschen Feinkeramik am Weltmarkt** unter besonderer Berücksichtigung der Porzellanindustrie.

Der Verfasser behandelt die Produktionsbedingungen und Ziele der deutschen Porzellanindustrie und deren Wandlungen und charakterisiert besonders die sich auf den Prinzipien des modernen deutschen Kunstgewerbes aufbauenden Eigentümlichkeiten jenes für unsere weltwirtschaftliche Stellung so bereichnenden Gewerbes. Von da aus erörtert er namentlich dessen Absatzorganisation mit Ausstellungen, Messen, Zeitungsreklame, Exportmusterlagern und die Bedingungungen und Mengen des Absatzes im Auslande.

Walter Mahlberg, Privatdozent der Privatwirtschaftslehre an der Handels-Hochschule Cöln,

Über asiatische Wechselkurse.

Die Arbeit ist eine Fortsetzung der Kölner privatwirtschaftlichen Wechselkursuntersuchungen. An Hand von ausführlichen Diagrammen, in denen über 40 000 Zahlen verarbeitet sind, geht der Verfasser den täglichen Schwankungen der Wechselkurse von Kalkutta, Singapur, Yokohama, Hongkong und Schanghai auf London nach und stellt deren eigenartigen, von dem Verlauf europäischer Kurse abweichenden Rhythmus dar, dessen Kenntnis für geschäftliche wie für wissenschaftliche Zwecke von Bedeutung ist. Mit dem Kursverlauf werden die periodischen Bewegungen der täglichen Differenzen zwischen den Zinssätzen in Asien und dem Londoner Privatdiskont verglichen. Ferner wird untersucht, wie der Wechselkurs zwischen Deutschland und diesen asiatischen Plätzen sich gestalten müßte, wenn solche Kurse notiert würden. In besonderen Diagrammen werden die täglichen Abweichungen der chinesischen Wechselkurse vom Londoner Silberpreis gezeigt, wobei sich namentlich durch die Behandlung des großen Silberpreisfalls von 1907 überraschende Resultate für Fragen der Valutaverschlechterung, der Silberwährung und des Zusammenhangs zwischen Wechselkurs und Edelmetallbewegung ergeben. Durch die von dem Verfasser vorgenommene Untersuchung der Wechselkursverhältnisse zwischen drei Plätzen und der zwischen kurzer und langer Sicht bestehenden Spannung können diese Fragen als endgültig gelöst bezeichnet werden. Die Arbeit bereichert unsere Kenntnisse von der Theorie der Wechselkurse und soll gleichzeitig dem Banktechniker als Handbuch für asiatische Kurse dienen.

Kolibri 360 GmbH
Ferdinand-Jühlke-Straße 7
99095 Erfurt, Deutschland
produktsicherheit@kolibri360.de